稲垣真美著

# 兵役を拒否した日本人

## ―灯台社の戦時下抵抗―

岩波新書

828

# はじめに

まえの十五年戦争下の日本で、戦争を推進した軍部や官憲の強大な権力に対し、民衆のなかにもなお敢然として抵抗した人々があったという事実は、戦後になっても一般にはほとんど知られず、そうした事実の詳細も歴史の底に埋もれたまま長らく日の目をみることがなかった。しかし、民衆の抵抗にきびしい弾圧を加え、それらの事実を国民には秘匿しつづけた戦前の官憲側の秘密資料、たとえば思想問題担当の判・検事に配布されていた『思想月報』『思想研究資料』『思想資料パンフレット』(いずれも司法省刑事局部内極秘文書)、治安対策の特高警察関係者に配布されていた『特高月報』(内務省警保局極秘文書)などが近年発掘されるにつれて、そのなかにのこされた記録の断片を手がかりに、日本にもさまざまな抵抗を行なった人々の実在したことが、ようやく明らかになってきた。

ここに紹介する灯台社というキリスト者集団に属した人々の抵抗の事実も、そのような資料から同志社大学の戦時下抵抗研究グループによって一九六六年ごろ、はじめて発掘されたのであるが、灯台社の抵抗の実践でとくに注目に値するのは、その関係者のなかからほかに例をみない三人の軍隊内での兵役拒否者をだしたことである。

〝兵役拒否〟は、いわゆる徴兵のがれをする〝徴兵忌避〟とは内容的に異なる。徴兵制そのものに対しては、明治初年徴兵令がだされたとき、全国各地の農民が〝徴兵令反対一揆〟をおこしたことが記録にのこっている。が、その後は積極的な集団的反抗はほとんど姿を消し、昭和の十五年戦争下では、せいぜい〝忌避〟という消極的な抵抗もしくは逃避行為が散見される程度だったのである。それしも発覚すれば厳罰が待っていたことはいうまでもない。

兵役拒否は、徴兵忌避が本質的に逃げの行為であるのにくらべて、はるかに積極的な正面切っての抵抗である。それは軍隊内で、あるいは召集にあたって、逃げもかくれもせず、自己の信条と良心にもとづいて銃をとらないことを、軍務を一切拒否することを、軍の組織そのものにつきつけることなのである。

きわめて苛酷な軍律の統制下にある戦前の天皇制の日本の軍隊内で、そのような兵役拒否をするにはどんなに勇気がいったかは、軍隊生活をじかに体験した人々、国民皆兵の当時の日本を知る人々には、十二分に了解されることであろう。

また、この特筆すべき抵抗の実践者を生んだ灯台社は、キリスト者の集団であったけれども、キリスト教諸派の組織のなかではまったくの異端とされたものであった。

一般に、治安維持法などによる言論・思想弾圧によって、戦争や軍部に反対する運動の芽も摘みとられてしまっていた時代に、なおも非戦・反戦を志向するものがあるとしたら、本来隣人を、平和を愛し、非暴力の立場を守るはずのキリスト教関係の組織にでも求めるほかないのではないか、といった気持も学生や知識人のなかになくはなかったように思われる。だが、そのキリスト教界の実状はどうであったかといえば、同志社大学の戦時下抵抗研究グループもつぎのように回顧している。

「戦争の初期、満州事変を通して日本の大陸侵略政策が形をとり始めたころ、キリスト者の抵抗があったかといえば、それはほとんど全くなかったと言わねばならない。……第一次世界大戦のあと、戦争の惨虐とともに戦争の愚かしさが諸国民によって痛感され、平和がいたるところで叫ばれたときには、日本のキリスト者も誰にも負けないぐらいに平和を叫んだ。しかし昭和にはいって、第二次世界大戦の起りそうな危険が生れてきて、平和を口にすることがしだいにはばかられるような状況になってくると、キリスト者は平和を口にすることをやめてしまった」(『戦時下抵抗の研究』I、和田洋一「抵抗の問題」、みすず書房、一九六八年)。

いや、それどころか、カトリックやプロテスタントあるいは聖公会などの体制諸会派は、むしろ戦争の国策に協力することによって組織を温存するのに汲々としていた、といってもいいすぎではないであろう。他宗教の仏教諸宗派などもおしなべて国家政策に迎合した事情はおなじで、組織として非戦を唱えたものはなかった。

そうした状況にありながら、異端とされた灯台社が終始国家権力と妥協することを拒み、ついには解散を強制されて組織も潰滅の状態に陥りつつも、兵役拒否の実践者まで生みだし、「抵抗の頑強さに関しては日本のあらゆる宗教団体中のさいたるものであった」(前掲書)という評価をこんにちかちえるほどの実績をのこした事実は、深く銘記されねばならないことのように思われる。

自己の信条(この場合は聖書の真理)に忠実であろうとした灯台社の人々は、戦争に狂奔する国策に背いた廉《かど》で、不敬・治安維持法違反などの罪を問われてことごとく獄に投ぜられ、さまざまな苦難に遭遇し、何人もの殉教者をだした。そのなかの二人の女性は不幸にして獄死し、一人の朝鮮人青年は獄中で拷問のために発狂するなど、数々の受難の歴史をも刻んだ。

そのようにきけば、あるいは、灯台社によった人々は狂信的《ファナティック》な傾向をもっていたのではないか、と想像されるかもしれない。が、実際はまったく逆であって、非転向をつらぬいた人々も現実に会ってみるとまことに温厚な控え目なあたりまえの市民ばかりで、こういう人々を弾圧した官憲なり軍の側のほうがよほど常軌を逸していたにちがいないと、つくづく感じずにはいられなかった。

それにしても、強大な権力機構の前に、いわば素手で立ち向かった少数の人々が、いったいどのようにして抵抗をつらぬくことができたのか。そのことを考えるためには、もとより母体となり支えとなった灯台社の教義なり、思想なりがまず理解されなければならないであろう。と、同時に、灯台社は、戦前、全国でせいぜい百数十人あまりの信者を擁しただけのささやかな集まりにすぎなかったが、明石順三という主宰者を中心に親密な人間関係をつくり、その個性のもとに誠実に結束していた。そうした人間的な要素も忘れられてはなるまい。

現に、兵役拒否をなしとげた一人の人村本一生は、青年の日の、明石順三という人間との出会いについて、何にもかえがたく忘れがたいこととして語っていた。その人との出会いがなければ、たとえ灯台社の教義がどのようであれ、兵役拒否を実践するところまではいたらなかったかもしれないのである。戦時下に類のすくない抵抗のなされ得た背景には、教義そのものとともに、人間同士の内面的な信頼も大きな素地として横たわっていた。逆にその素地の崩れたものにとっては、苦渋に満ちた転向の問題が待ち受けていたのである。

その意味で、兵役拒否を含む灯台社の戦時下抵抗について述べるに先立って、ひとまず、灯台社の主宰者であった明石順三を紹介することからはじめたいと思う。

なお、灯台社関係の戦中の官憲側秘密資料のうち、これまで未発見であったものや、明石順三の遺稿なども、ここにほとんど網羅し得たので、事実関係については全篇にわたってそれらの基礎資料にもとづき、正確を期することにつとめた。

# 目　次

# I　明石順三と灯台社

1927年5月大阪市南区に設けられた灯台社臨時事務所．右端明石順三．女性のうち右から四人目の長身のひとがのちの静栄夫人

## 明石順三の渡米

明石順三は一八八九年(明治二十二年)七月、琵琶湖畔に近い滋賀県坂田郡息長村字岩脇の、代々彦根藩の藩医をつとめた外科医の家に生まれた。兄二人は早世し、一人子の彼が医業を継ぐことをすすめられたが、血をみるのがきらいなのでことわり、生家が必ずしも裕福ではなかったのと、独立心も旺盛だったところから、滋賀県立彦根中学を二年で中退した後、一九〇七年(明治四十年)渡米を志して上京し、島貫兵太夫《しまぬきへいだゆう》が主宰していた力行会の苦学生仲間に入った。

島貫兵太夫は、一八八五年に創立された東北学院の第一回生で、はやくから日曜学校や貧困学生救済といった社会教育面に関心を示し、プロテスタント系の神田教会の牧師となった後、一八九七年(明治三十年)力行会を設立した。力行というのは〝苦学力行〟を略した名称で、全国から集まってくる苦学生の世話をし、精神的にはキリスト教の教義によって救いを与えるとともに、移民をすすめて将来の経済的成功を海外雄飛に求めさせるのが会の趣旨であった。

島貫は、一方では『渡航案内大全』といった本も著わして海外発展を鼓吹し、当時の若ものたちの渡米熱をあおった。後に評論家となった清沢洌《きよさわれつ》(一八九〇—一九四五)も、内村鑑三門下生の塾をでて一九〇六年(明治三十九年)十二月に渡米したが、それに先立って島貫兵太夫から紹介状を得ようとしたという記録がのこっている。ただ、力行会に入るには、洗礼を受けてキリスト教に入信するのが条件であった。明石順三もその会に入るにあたっては、島貫牧師の手ではじめてプロテスタントの洗礼を受けたわけである。

もっとも、おなじころ力行会に入り、一九〇八年(明治四十一年)順三と同船・同室で渡米した長沼重隆《ながぬましげたか》(新潟県立女子短大教授、ホイットマン研究家、一八九〇年生)の話によると、力行会に入る若もののなかには、渡航の便宜を得たいばかりに形だけ入信して幹部の家に寝起きし、渡航費を貯えながら機会を待つものがすくなくなかった。明石順三もそういう一人で、小石川の幹部の家に居候して、朝食前のお祈りの時間などは、友人同士連れ立って朝風呂にでかけてのがれたりする、茶目っけに富んだ無神論者的日常であったという。そんなふうで宗教臭いところはみじんもなかったが、神田教会の本部集会には欠かさず出席していたから、進歩的キリスト者の気風に無意識の感化を受けたことはあったのではないかとも思われる。

一九〇八年二月、十八歳の明石順三はようやく渡航費の工面ができ、旅券もとれたので、日本郵船の五千トンあまりの貨客船丹後丸の三等船客として、アリューシャン諸島経由の大圏コースをとり、厳寒の季節の北太平洋を渡った。鼻をつくペンキの異臭と、もっそう飯に似たまずい食事と、なによりも寒さに苦しめられて、電球で暖をとるようなさんざんな航海であった。

それでも、ずんぐりと小柄ながら向っ気がつよく、らいらくな順三は、友人の長沼らと『金色夜叉』の仮装芝居に出演を楽しむなどして、三週間目にアメリカのシアトルに着いた。そこからは郵船の特別の配慮でアメリカの汽船に乗り移り、サンフランシスコまで無賃で運んでもらった。

サンフランシスコに着くと、乏しい渡航費はもう消えていた。順三は翌日からすぐにも働かねばならなかった。が、そこに待ち受けていたのは、日本で雄飛を夢みていたような自由の天国ではない。

すでに大陸横断鉄道建設の際、中国人労働者の労働ダンピング問題がおこって以来のいわゆる〝黄禍説〟がくすぶっているところへ、明治以後渡米した日本人の労働ダンピング問題もからんで、一九〇七年にはアメリカの両院は日本人の移民制限法案を可決し、排日運動も吹き荒れて、黄色人種に対する人種差別は厳に存在していた。しかも、アメリカで孤立する日本人に対して、日本の政府機関は適切な救済策を講じることをしていなかった。一口にいって、在米の日本人たちは〝棄民〟の状態におかれていたのである。

したがって邦人たちは彼らだけで連帯する必要にも駆られていた。けれども渡米したばかりの身よりのない少年はその仲間にさえもすぐには入って行けない。まるで無宿者に近い生活にも落ちこみかねなかったのである。後年の彼の国家あるいは政府というものへの不信は、基本的にそうした棄民の状況のなかで萌芽をみたものであったかもしれない。

働く必要に迫られた明石順三がありついたのは、デー・ワーク day work と称するいわゆる日傭の仕事であった。サンフランシスコなどの市街にはデー・ワーク専門の職業斡旋所があって、そこへ行くと電話申込のあった仕事先を紹介してくれる。仕事の種類は皿洗い、ペンキ塗り、薪割り、芝刈り、スクール・ボーイと呼ばれる米人家庭に生み込んでの使い走り、それにカリフォルニア一帯の果樹園や農園の手伝いなどで、賃銀は大体一日二ドル(当時の邦価に換算すると四円)であった。

明石順三は、まずカリフォルニアの鉄道や農園で労働をし、後にはサンフランシスコの米人の家でスクール・ボーイをして働きながら、かたわら読書につとめたらしい。いっしょに渡米した友人たちのなかには実家の裕福なものもすくなくなく、ハイ・スクールやカレッジに入学したものもいたが、順三は経済的な事情のほかに、学校の画一教育は規格品としての人間をつくるだけで個性の十全な発達をそこなうという独特の考えから、サンフランシスコの市の図書館に通うなどして、独学の道を選んだ。そして、原書、日本語の著書を問わず多くの本を読み漁り、博覧強記というか、広く多方面な知識を得ていた。文学書も読み、とくにイプセンやショーの戯曲を愛好して、自分でも戯曲の習作をいくつか書いた。

邦人経営の書店には、日本から『明星』『スバル』『三田文学』などの文芸雑誌も送られてきていた。それらの雑誌を愛読し投稿もする長沼重隆や、田村俊子の夫となった田村松魚らの文学青年仲間と集まって議論するのも楽しみの一つだった。盛んな排日気運に抗して、順三はイプセンやショーの社会劇を論じて気焔をあげた。社会改革めいた考え方もそのころの彼のなかにきざしていたようである。

順三は文学仲間の友だちには「酒や女を恐れていて文学ができるか。道楽もしなくてはだめだ」といった激励の仕方もしたぐらいで、無神論者的傾向もつよく、宗教には関心を示さなかった。ただし、順三自身は酒もあまり飲まず、道楽には縁遠く、労働のあいまにひたすら読書に耽った。そして、邦字新聞への投書、投稿が機縁となって、一九一四年(大正三年)、ロスアンゼルスの邦字紙『羅府新報』のサンディエゴ支社の記者となることができた。

そこで順三は社会部記者として習練を積み、まもなく健筆を認められてサンフランシスコの日米新聞社に移り、社会部のデスクとなった。『日米新聞』は当時アメリカでは最大の邦字紙で、後に『朝日新聞』の記者となり『週刊朝日』編集長もした翁久允《おきなきゅういん》や、『東京日日』(現『毎日新聞』)の論説委員や学芸部長となった新妻莞爾《にいづまかんじ》も、順三とともに同紙の記者をしていたことがある。また、サンフランシスコで『日米新聞』の対抗紙だった邦字新聞『新世界』では、順三より一年あまりまえに渡米した清沢洌が、ほぼ同時期に記者や編集長をつとめていた。

もともと正義感の強い明石順三にとって、社会正義を標榜するジャーナリストの仕事は、性に合っていたといえよう。実際、順三は筆も速く、語学の勘にもすぐれていたから、『エグザミナー』や『クロニクル』などアメリカの有力紙の記者に伍して活躍し、とくに一九二一年(大正十年)の海軍軍縮ワシントン会議や、二年後の関東大震災のときには、日米間の通信の面でも貢献し、外人記者間に評判の高い記者として終始したそうである。

その一方では、彼は在米邦人のための〃写真結婚〃の欄を担当して独身者の便宜をはかった。〃写真結婚〃というのは、主に在米邦人の独身青年が現地で見合うべき女性の数がすくないので、日本から花嫁希望の女性たちの写真を送ってもらい、それによって結婚相手を探し、婚約・結婚にまでいたる仕組みである。そうしてきまった婚約女性が船に乗っていよいよサンフランシスコの港に着くと、ハシケで船に先乗りし、〃花嫁到着〃の第一報を報道する仕事も彼はきさくによろこんでやっていた。そのような庶民的な気風も彼のものであった。

一九二二年ごろ、順三は『日米新聞』をやめてふたたびロスアンゼルスの邦字紙に移った。その間のことを、彼は晩年の手記で「理由あって」としか記さず、くわしい事情については述べていない。したがってこれは臆測に類するけれども、後に彼がワッチタワー(後述するアメリカの無教会キリスト者集団。灯台社の本部)の文献を日本に紹介したとき、その文中に、新聞記者の限界について、記者に真に報道の自由が与えられるならばよろこんで事実を報道するであろうが、彼らは実際には新聞社を支配する強権者によって掣肘を受け、その命令に服従させられて事実を報道し得ないのが実状だと強調している箇所があるのを考えあわせると、彼自身あるいはそうした体験をして、不満を高じさせたことがあったのではないかとも思われる。早くからイプセンやショーの社会批判に共鳴する傾向のあった順三であってみれば、なおさら、記者として在米邦人社会のみならずアメリカ社会の暗黒面をものぞきみて、さまざまな社会機構の矛盾を痛感したことは多かったにちがいない。が、いざそれを報道しようとすると、かんじんの経営者と意見の相違を来したりもしたのではないか。順三はそんな場合、後年の官憲に対する徹底した抵抗でもみせたように、権力に対してすこしも自説をまげることをしなかった。そのようにすれば、新聞社にもいづらい状況を権力の側がつくりだしてくることになるのも自明の帰結ではあるまいか。

あるいは、それ以外に、家庭的なプライベートの問題で、ロスアンゼルスに移るのを好都合とさせた事情もあったかもしれないが、そのへんは明らかでない。ただ、ここでいま一つ確実にいえるのは、順三はすでにその時点で新聞記者の仕事をこえて他へ踏みだす気持を固めつつあったのではないかということであろう。というのは、彼は前年からワッチタワーの教理につよい関心を抱きはじめていたからである。

このワッチタワーの教義とはいかなるものか。また、従来極端な無神論者とみずからいっていたほどの彼が、やがてその宗教の伝道に専念するまでになったのはなぜであろうか。それらを考えるために、まずワッチタワーの教理の概略と、順三がその信仰にどのように関わっていったかが述べられねばなるまい。

## ワッチタワーとの出会い

明石順三がワッチタワーの思想に親しむことになったのは、サンフランシスコ時代に結婚した最初の夫人の手引によるものといわれる。

夫人は山口県岩国出身の牧師の娘で、単身渡米して勉学していたクリスチャンだったが、一九一九年以後ワッチタワーの信仰にひかれるようになり、一九二一年春ごろ、ニューヨークのワッチタワー本部のワットソンという文書伝道者の一人が明石家を訪れ、夫の明石順三にも各種の文献を示して通読をすすめた。そのことがきっかけになって、順三はいままで顧みなかった聖書を熟読しはじめ、さらにワッチタワー文献を渉猟した結果、その思想に深く共鳴するにいたったのである。

もともとワッチタワーの教義が目指したのは、一言でいえば聖書の真理に対する直接的な信仰であった。そして、きわめて忠実な聖書の読解にもとづいて、創造主エホバを唯一の神とみなし、その子であるキリストが来るべき最後の審判のときに再臨して、サタンの支配する悪の組織制度に属するこの世——圧制や戦争・貧困・疾病などに悩むこの世を滅ぼし、地上に「神の国」を建設するであろうことを説いたもので、再臨の思想を信仰の中心においていた。

これを説きはじめたのは、アメリカのペンシルヴァニア州アレフェネーの聖書研究者チャールス・テーズ・ラッセル(一八五二—一九一六)で、一八七〇年ごろ、聖書のなかにキリストの再臨を預言した言葉があるのに注目して、一八七五年『主再臨の目的とその状態』と題する小冊子を発刊し、一八七七年にはS・H・バーバーとともに『三つの世界または救いの計画』を著わして、キリストの再臨は目にみえない間に一八七四年すでにはじまっており、四十年後の一九一四年には最後の審判のときがくるであろうと主張し、一八七九年からは機関誌『シオンのものみの塔と主臨在の予告』(Zion's Watch Tower and Herald of Christ's Presence)を毎月二回ずつ刊行して、キリストの臨在を熱心に唱道したのであった。

ついでラッセルは、一八八一年『聖書研究』(全七巻、一八八一—一九一七。六巻までラッセルが執筆)の著述に着手し、聖書の語義解明の仕事を進めるとともに、一八八四年にワッチタワーを正式の名称とする協会 Watch Tower Bible and Tract Society(現在日本名「ものみの塔聖書冊子協会」)を創立して、一九〇三年には機関誌の予約者は二万人をこえるまでになった。一九〇九年、ラッセルはワッチタワー協会の本部をピッツバーグからニューヨーク・ブルックリンに移し、一九一一年には世界一周の伝道旅行を翌年にかけて行ない、また映画『創造』のシナリオを書いて、天地創造から万物復興までを映画化した作品を製作・上映するなどして、再臨を予告する教説の伝道・普及につとめたのである。

ラッセルは聖書を唯一の真理の書としたけれども、それは聖書を通常の教会の牧師や司祭の単なる小道具とすることから、神の啓示と人類を直接的に結ぶ位置にひき戻すことであった。聖書は、本来、神自身が予定の時までその意義の了解を秘し封じこめた黙示の書でもあって、牧師や司祭の勝手な解釈に委ねるべきものではない。ラッセルによれば、カトリックやプロテスタントなどの教会組織もまた我欲と不正不義に堕した地上の悪の組織制度の一つである。そうした宗教制度の悪を排して、「エホバよ、聖言は天にて永遠に定まり、汝の真理は万世に及ぶ」(詩篇一一九篇八九—九十節)——その神エホバが聖書に明示されたはずの至上目的をひたすら求めようというのが、彼の志向したことであった。(注、本書引用の聖句は、主として大正三年刊、米国聖書会社発行の『旧新約聖書』によるが、順三文献の引用句をそのまま採った場合もある。)

神の至上目的は、ワッチタワーの教理では、キリストの再臨によって悪の組織制度の支配する地上に「終末の時」を招来し、同時に「神の国」(God's kingdom)の建設がなされることである。キリストの再臨は、肉眼でそれとわかるように現われるわけではなく、外界の具体的な事由によって示し悟らされるのであるが、ラッセルの教説に独特なのは、「終末の時」がいつであるかを明確に設定して示したことであろう。世の進化論者は人類の進歩向上を唱え、社会

の進歩改善を称えているが、現実の世紀末的事象はむしろ人類が終末へと近づきつつあること
を示しているではないか、それは聖書のつぎのような預言にもあてはまる、と彼はいう。

「末の世に苦しき時来らん、人々己を愛する者、金を愛する者、誇り、高ぶり、罵る者、父母に逆らう者、恩を忘れ、不潔、無情なる者、怨みを解かず、譏《そし》る者、欲をほしいままにし、残酷なる者、善を好まず、友を売り、放縦なる者、傲慢なる者、神よりも快楽を愛する者、彼らは敬虔の貌《かたち》あれどその徳を捨てるものとならん」(テモテ後書三章一—五節)。

「終末の時」はワッチタワーの語義では、異邦人に許されている地上の統治期間の終末における特殊な期間を意味するのであるが、その終末のときがはじまり神の王国が近づくとき、どのようなことがおこるかは、聖書のなかのたとえばつぎの二つの章句にも預言されている。

「終りの時にいたりて南の王彼と戦わん。北の王は車と馬と多くの船をもて大風のごとくこれに攻め寄せ、国に打入りて潮のごとく溢れ渉らん。彼はまた美しき国に進み入らん。彼のために亡ぶる者多かるべし」(ダニエル書十一章四十—四十一節)。

「この王たちの日に天の神一つの国を建てたまわん。これはいつまでも滅ぶることなからん。この国は他の民に帰せず、かえってこの諸々の国を打破りてこれを滅せん。これは立ちて永遠にいたらん」(ダニエル書二章四十四節)。

しかし、その終末のときがいつであるかは、ダニエル自身も、「われ聞きたれども暁《さと》ること

を得ざりき。われまた言えり。わが主よ、これらのことの終りは何ぞやと。彼いいけるは、ダニエルよ往け、この言《ことば》は終極《おわり》の時まで秘し、かつ封じ置かるべし。衆多《おおく》の者浄められ、潔くせられ、試みられん。されど悪しき者は悪しきことを行なわん。悪しき者は一人も暁ることなかるべし。されど頴悟者《さとき》は暁るべし」(ダニエル書十二章八―十節)と語っているだけで、明らかにはしていない。

その点で、ラッセルは一つの大胆な設定をした。彼は「待ちおりて一千三百三十五日に至る者は幸福なり」(ダニエル書十二章十二節)、あるいは「われなんじのために一日を一年と数う」(エゼキエル書四章六節)といった聖書記載の象徴的な数値を手がかりに聖書年表なるものを作成し、イタリアのオストロゴス王朝が覆って職業的政治家と大商人とローマ・カトリックの教権者の結合が成ったとする五三九年や、ゼデキア(歴代志略下三十六章に記されたユダヤの王)が廃位されバビロンの捕囚となった紀元前六〇六年を起点とする独自の算出法によって、「終末の時」はすでに一七九九年に開始され(ちなみにこの年ナポレオンがエジプト遠征からフランスに帰って法典編纂に着手した)、キリストの再臨も一八七四年(ワッチタワー文献『神の立琴』によれば世界最初の労働同盟が組織された年、とある)、すでにはじまっており、最後に、異邦人支配の悪しきこの世が終ってメシア・キリストが統治権を行使しはじめるのは一九一四年で、この年革命的な出来事が地上人類間における従来の王国の秩序を粉砕して終結にいたらせるであろう、と主張したのである。

このような算出法や設定の仕方の当否を云々することは専門研究に委ねなければならないし、論議の資格ももたないが、ラッセルのこうした主張自体が、従来の各会派の教義に安住してきたキリスト者に対する明確なプロテストたり得たことは、疑いを入れないであろう。

実際、ラッセルの教説に対して既成キリスト教諸会派に属する人々は激しく反発し、おおむねつぎのような二様の対応の仕方を示した。一つは、キリストは一九一四年といわず、すぐにも臨在するかもしれぬ、それも目にみえない状態ではなく、十字架から降ろされた肉体を備え、肉眼にみえる形をともなって再臨するであろうとするもので、これに対してラッセルはすでに一度死んで霊と化したキリストが現身の形で再臨するはずはない、キリスト自身そのような説をなすものにあざむかれないよう「キリスト野に在りというものありとも出づるなかれ、室に在りというものありとも信ずるなかれ」(マタイ伝二十四章二十五―六節)と警告していると述べて、精霊主義的な、あるいは交霊術的な臨在観を厳しく排撃した。また一方には、キリストの再臨がかりにあるとしても何万年も先のことであろう、すくなくともわれわれの時代にそんなときは訪れまい、第一、聖書にも「その日その時を知る者はただ我が父のみ。天の使者も誰も知る者なし」(マタイ伝二十四章三十六節)とある、そういう不可知のことに思弁を費すのは愚かなことだ、とするものがあった。つまり、臨在などはまるで現実性に乏しいこととして遠ざけ、もっぱら現世の安逸をむさぼろうとする傾向であるが、ラッセルはまさにこのような人々に、突然一九一四年というさし迫った時限に「終末の時」を設定することでつよく覚醒を促すとともに、そうした風潮に対して手をつかねてなにもしようとせず、組織と勢力の拡張にのみ腐心する在来の教会なり教団諸派なりを、痛烈に批判したといえるのではあるまいか。

いずれにせよ、ワッチタワーの教義はこうした形で最初から教会乃至政治・経済・社会批判の要素や姿勢をつよくもっていたわけである。もっとも、ラッセルの設定した一九一四年は、第一次世界大戦勃発の年とはなったけれども、「終末の時」となるまでにはいたらなかった。そこをとらえて、従来ワッチタワーの攻撃にさらされていたカトリックやプロテスタントなどの既成教団側はラッセルを中傷・批難し、彼はいわば失意のうちに一九一六年十月末死んだが、そのあとを継いでワッチタワーの会長に選ばれたジョセフ・フランクリン・ラザフォード(一八六九―一九四二)は、教義の敷衍をはかるとともに、現実主義的傾向をいっそう伸長させた。

ラザフォードは一九一七年ラッセルの遺稿をまとめ、『聖書研究』の第七巻「奥義の完成」八十五万部を刊行して、全米やカナダ、ヨーロッパ各地に配布したが、おりから第一次大戦下のアメリカで、現在の国家制度を悪とするワッチタワーの教説の影響によって、二十数人の協会の若ものたちが徴兵を拒否するにいたった。ラザフォードは、もとミゾリー州判事から最高裁弁護士の資格を得ていた法律家であったが、このことは右のようにワッチタワーの「エホバの証者」(ワッチタワーでは牧師をつくらず、そこで洗礼を受けたものは聖書に示されたエホバの目的を証しする人間という意味で、「エホバの証者」または「エホバの証人」Witness of Jehovahと呼び、一九三一年正式の呼称とした)のなかから徴兵拒否者が続出して軍当局に拘留され、ためにラザフォードら八名の幹部も合衆国憲兵によって逮捕・起訴されるにおよんで、その後の法廷闘争で有効な力を発揮することになった。

すなわち、一九一八年六月、ラザフォードらワッチタワー関係者の被告は「エホバの証者」から徴兵拒否者をだしたかどで、州裁判でスパイ容疑並びに国家に対して不服従と不忠節をすすめた重罪を問われ、二十年の刑をいいわたされたが、ラザフォードはそのとき「今日は私の生涯でもっとも幸福なときである。自分の信ずる宗教のゆえにこの世から罰を受けるのは、人類のもちうる最大の特権の一つである」と語り、この判決以後ワッチタワーは多数の信者の投獄、集会所襲撃、刊行書籍の焼却など数々の迫害をこうむり、八月には本部を閉鎖せざるを得ないところまで追いこまれたのにもめげず、最高裁の再審闘争にもちこんだのである。

翌一九一九年一月、ワッチタワーの協会は大会を開いてエホバの証者たちの釈放・無罪請求の運動をおこすことを決議し、三月には七十万名の署名を集めて最高裁に対する請願を行なった。その結果、前年中に世界大戦が終結したことによる状勢の変化もあるにはあったろうが、最高裁は三月下旬ラザフォードらエホバの証者の釈放を命令し、五月にはまえの判決を却下し、翌年五月改めて全員無罪の判決をいいわたした。

ワッチタワーの若ものたちの徴兵拒否は、聖書の真理に忠実であろうとする彼らの、福音書に「殺すなかれ」とあるのを端的に実践した行為でもあった。国家の命ずる兵役義務に敢然と抗したその行為が、戦争終結後とはいえ、とにかく法廷で無罪の判決をかちえたことは、一面、合衆国憲法が信教による兵役拒否を認めるだけの公正さをのこしていた証左ともなると同時に、ワッチタワーの宗教的立場が認められたことであり、その思想が貴重な実践体験の強靱な裏打ちを得たのもいなめない事実であろう。

法廷での勝利をかちとったラザフォードは、一九一四年からの第一次大戦がそれまでの地上のもっとも広範囲におよんだ戦争であったことと、そのころから世界各地に地震がつづいて（一九二三年の日本の関東大震災も含め）多くの死傷者をだし、不況の兆しもみえたことなど考えあわせ、改めて一九一四年を「終末の時」のはじまりとし、現世を構成していた地上人類間におけるすべての秩序、組織制度は終結期に入り、天上においてはすでにキリストの臨在期間がはじまったものと規定した。

そして、一九一九年以後、『神の立琴』『神の救い』『創造』『和解』『政府』『生命』『預言』などの著書や機関誌“The Golden Age”（日本名『黄金時代』）をつぎつぎとだして、教義の普及につとめたのである。

明石順三が接したのは、主としてこのラザフォードによるワッチタワーの文献であった。これらの文献は、後に順三がすべて翻訳して日本にももたらしたので、内容の概略については、彼が主宰するようになった灯台社の思想との関連で後章においてふれることにするが、約言すれば、それは現実の国際社会の体制の悪、なかんずく帝国主義的な国家体制の悪を剔抉し、そうした悪に教会制度がいかに関わっているかを説くことによって、具体的な裏付けをしながらラッセルの教説にあった思想を強調したものであった。

とくに、第一次大戦後の国際連盟の実情や、アメリカの資本主義の社会機構の矛盾などにも言及しつつ、終末の時やキリストの再臨を説いたラザフォードの叙述は、ジャーナリストとして生きてきた順三をも十分に納得させたであろうし、さらには新聞記者として満たされなかったある限界があったとすれば、その部分を充足させ得る可能性をも、ワッチタワーの宗教思想のなかに見出させたのではあるまいか。

かつては渡航実現のため仮の信者を装ったにすぎず、むしろ無神論者的傾向のつよかった順三は、ワッチタワーの思想に次第に深く傾倒し、三十歳をすぎて思いがけず熱心なキリスト者となるにいたった。彼はそのころからつねに腰につけた革嚢に聖書を入れて歩き、暇さえあれば熟読して、ついにはどの聖句がどの書の何章何節にあるかまでそらんじるようになった。そして、一九二四年（大正十三年）四月、ロスアンゼルスの新聞社を辞し、十年あまり勤めた記者の仕事を捨ててワッチタワーの講演伝道者となり、アメリカ各地を旅行して在米邦人の間にその信仰を普及することにつとめた。一九二五年十月には、彼の手になる『神の立琴』の日本訳もワッチタワー本部から出版された。

こうして「エホバの証者」の一人となった明石順三は、一九二六年（大正十五年）九月、ワッチタワー総本部の正式派遣によって、日本に支部をつくるために単身帰国することになったのである。

## 灯台社の創立

約二十年ぶりに帰国した明石順三が最初に住みついたのは、神戸市外須磨一の谷の須磨ノ浦聖書講堂であった。

この聖書講堂は、せいぜい四、五十人を入れる程度の木造の会堂にすぎなかったが、大正期に無教会派の内村鑑三もしばしばここで講演伝道をした歴史をもっており、日本のキリスト教史上特異な地位を占めている。とりわけ、おなじく無教会主義のワッチタワーとはすくなからぬ因縁をもっていた。

というのは、一九一二年(明治四十五年)初頭、ラッセルが世界一周旅行の途次日本にもたち寄って、大阪で「世々にわたる神の経綸」と題する講演をしたとき、たまたまその話をきいて感動した関西の材木商神田繁太郎(和歌山の人)が、聖書研究を目的として、須磨ノ浦の別荘の母屋を改造して建てたのが聖書講堂で、ワッチタワーの機関誌や文献も送られてきていたからである(神田繁太郎は財産家であったが癲癇の持病があり、それに同情して結婚した米人の妻も信仰を助けていた)。

聖書講堂によった明石順三は、聖書的には〝物見櫓〟の意味をもつ〝ワッチタワー〟という協会名を、この世において灯台のごとく光を放つ仕事をなすという見地から〝灯台〟と訳し、万国聖書研究会ワッチタワー日本支部を灯台社と名づけることにした。そして、はじめ有志だけの聖書研究の会を開いていたが、大正十五年のうちに京阪神を中心に約七十名の同調者を獲得し、十二月には神戸市の盛り場新開地の時計商後藤亮方を発行所として、月刊の機関誌『灯台』を創刊し、まもなく順三は聖書講堂と『灯台』編集の全責任者となり、積極的な布教活動にとりかかった。

順三の帰朝以前から聖書講堂でワッチタワー文献に親しみ、創立当初の灯台社に参加して後に幹部となった赤松朝松《あかまつけさまつ》(一九〇四—。当時画学生だった)の話によると、聖書講堂の研究会は有志の合宿のかたちで行なわれ、食事や宿泊もともにして、その雰囲気はまことにおおらかな自由なものだったそうである。アメリカの本部から資金は送られてきていたが額はしれたもので、集団生活を営めば経費面でも節約され、会員同志の連絡もとりやすいという利点もあってのことであるが、夏ともなると桃畑のある一の谷の坂を降りて、須磨ノ浦の海水浴をたのしみ、神田邸に帰って縁側で水瓜など食べながら談笑にときをすごし、夕食後聖書の講読研究をした。

「一生のうちであれほどのんびりすごしたときはなかった」と赤松はしみじみ述懐していた。

そのころは、とくに阪神の財界が第一次大戦後の未曾有の好景気に潤った時代であり、文学者でも谷崎潤一郎が震災後関西に住みつくなどして、大正期から昭和初期にかけてさまざまな新しい文化が(ダンスのような風俗現象の流行も含め)関西に一斉におこったのを考えあわせるとき、灯台社もまた神戸を発祥の地としたことは、興味深いことに思われる。

しかし灯台社に集まった創立メンバーには、知識層に属する人々はすくなく、当時の社会階層の上では商業その他の家業にいそしむほかなかった人々がほとんどで、しかもその家業を捨てて、聖書研究会に参加することは、信教上のみならず実生活の上でもよほどの覚悟を要したであろう。たとえば赤松はこう語っている。

「まだ救世軍にも石を投げるものがあるといった時代で、一般に〝耶蘇教〟に対する偏見がのこっており、キリスト教に入信すること自体非国民的にもみられた。自分の両親も灯台社に入るなどとんでもないといったが、もともと芸術(絵画)に殉じる気持だったから、それを宗教に殉じることに変えればいいという、純粋な気持で参加した。いざとなればキリストのごとく死ぬこともできなければならぬといった覚悟も当初からもっていた。それだけに明石順三以下信教の腰はつよかった」

明石順三は翌一九二七年(昭和二年)五月二十五日には、大阪朝日新聞社講堂で「神の国は近づけり」と題する第一回の講演会を開いた。その準備のために大阪南区鰻谷に万国聖書研究会の看板を掲げた臨時の事務所が設けられ、灯台社関係者が手分けして〃献金一切無用〃〃入場無料〃などと記した立看板を方々においたり、梅田の駅の周辺や盛り場、関西学院などの学校の正門でビラを配ったりする一方(盛り場の人波よりも学生たちのほうがはるかに高い関心を示したそうであるが)、飛行機を使って空からも講演会予告のビラを撒くという、いかにもアメリカ帰りらしい大々的な最新の宣伝方法をもとった。

講演会は成功だった。来聴者をのせるエレベーターが毎回ふくれ上がるほどの盛況になり、順三はラザフォード流に、社会機構の矛盾から説きおこして、カトリックなど既成教会の制度悪や三位一体の教説の不備をつき、一般のキリスト教理解の常識をくつがえして、すでに終末のときがはじまっていること、キリストの臨在、さらには神の国の地上に建設される日が近いことを訴えて、きわめて異色のキリスト者の印象を満員の大会衆に与えたのである。

講演会が成功裡に終り、機関誌の固定購読者もふえたのに力を得て、帰国後一年を経た一九二七年八月下旬、明石順三は上京して、東京京橋畳町十三番地の根本ビルに正式に灯台社の本拠を置くことにした。

——それに先立って、順三はアメリカにのこしてきていた当時九歳の長男真人《まさと》を頭にする力《つとむ》、光雄の三児を呼び寄せてひき取った。実は、順三は日本に帰国する際、最初の夫人との離別という人間的な不幸に逢着していたのである。理由は、順三の遺族の話によると、講演伝道の旅行などで多忙な夫が家庭に帰る時間のすくないのを不満として夫人が彼を離れ、順三の帰国にあたっても離婚を主張して譲らなかったためといわれる。なお、夫人はワッチタワーの信仰からは離れず、第二次大戦後もワッチタワー関係の仕事をつづけている。順三は、帰国後、神田繁太郎の弟の神田雄二郎と一九二三年に死別していた未亡人静栄(一八八七年生れ、一九四四年獄死)と一九三〇年再婚した。静栄は和歌山県新宮の出身で、熊本市の尚絅高女在学中にキリスト教に入信し、聖書講堂での灯台社研究会発足以来の忠実な協力者となり、その信者となっていた——。

東京京橋に設立された灯台社の事務所は、その後池袋常磐通の豊島師範横から、一九三〇年杉並区荻窪四丁目(当時井荻町下荻窪)へ引越したが、東京に本拠を移したことで、順三はより広範な本格的な伝道活動に踏みきることができた。

順三は、東京での灯台社の設立に際し、その教義や、使命・目的などについて、つぎのように規定した。まず、灯台社の教義は、新旧約聖書中に明示される神エホバを以て唯一の最高至上神とし、神の子イエス・キリストを以て地上全人類に対する唯一の救い主として、エホバがその愛子キリストによって地上に建設される神の国を、全人類に対する唯一の救いの道と確信することである。

また、すべてキリスト者たるものの使命は、新旧約聖書全巻に明示されている真理の絶対なることを確信し、地上全人類に対して、エホバの最高唯一の至上神なることと、イエス・キリストによって建設される地上の「神の国」だけが彼らを救い得る唯一の道であることを証言することにあるが、とくに灯台社に集うものは、この世の人々が聖書の真理や聖書中に示された神エホバの意志に背反逆行しつつある諸事実を指摘して、真に神エホバの趣旨に添う人類となさんことを目的としている。

しかしながら、順三によれば、灯台社とはこのような教義や使命にもとづいて、〝聖書という灯台〟の光によって世を照らし、人々に神エホバの至上目的を証言することを意図して出版する印刷物の製作所にすぎず、それを一つの宗教組織というふうには意識しないようにつとめていた。既成の教会組織がいかに政権や商権の悪と結びついて勢力拡大にのみ腐心するようになったかは、ラザフォードもしばしば述べているところである。それゆえ、順三は灯台社設立にあたっても、教団組織などの方法は採用せず、たんにその教義に賛成するものがまったく自由な立場で自発的に寄り集まって存在するものとした。入会、退会その他に関する規約もつくらず、入会届などというものもなく、受洗して「エホバの証者」となってからも、あらゆる人間的な制約からは自由であった。ただ、文書を配布するさいの活動の指針のみを規定して、全国各地に支部を設けるにとどめたのである。

一九二七年秋以降、順三は東京の朝日新聞社講堂をはじめ各地の公会堂で講演会を開いて、聖書における「神の国」の福音の宣明につとめるとともに、『黄金時代』(一九二八年二月創刊、月一回、一九三八年以後『なぐさめ』と改題)『灯台』(月二回)などの機関紙、パンフレット、小冊子類を、友人のいた読売新聞社の輪転機によって大量に印刷し、みずからの翻訳にかかるラザフォード文献『神の立琴』『創造』『政府』『和解』『預言』『審判』などをあわせて頒布し、全国遊説や文書伝道にも力をそそいだ。

# Ⅱ　灯台社の思想と最初の受難

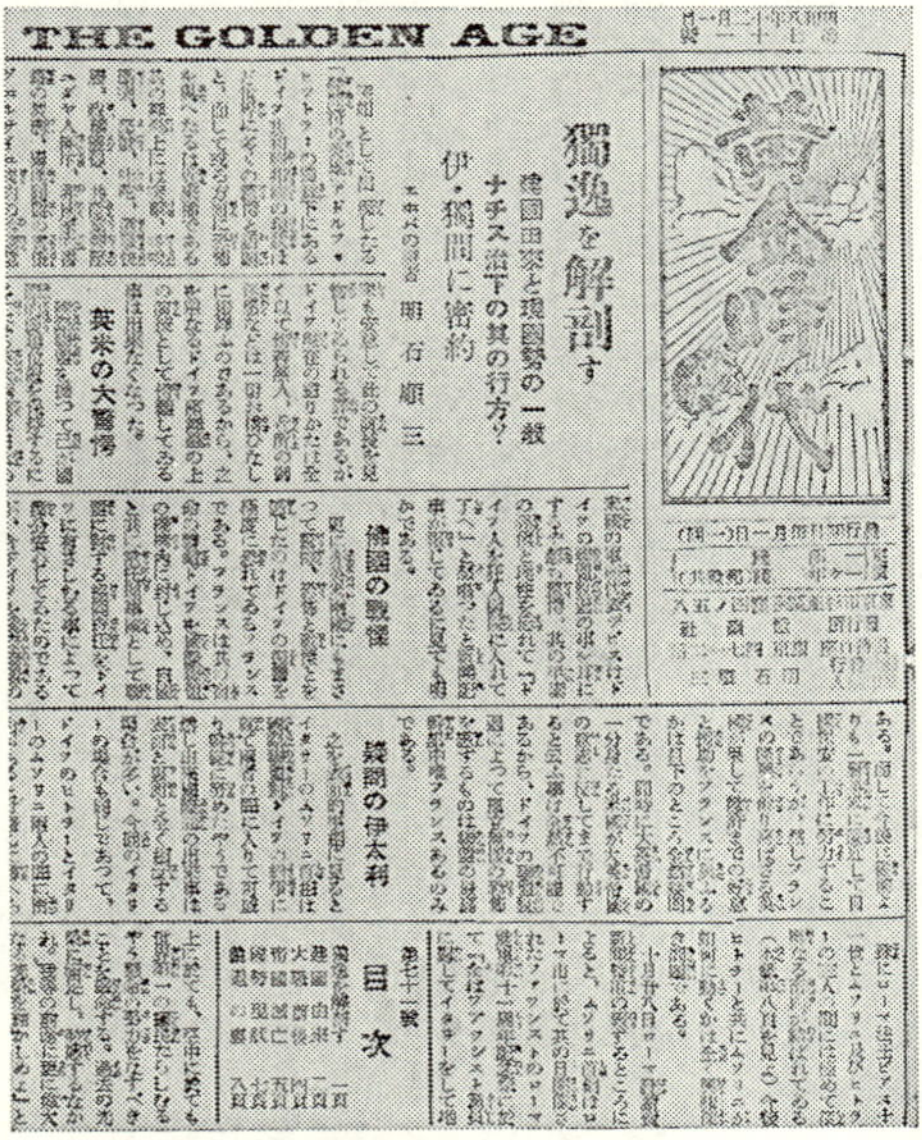
THE GOLDEN AGE

獨逸を解剖す

ナチス治下の其の行方？

伊・獨間に密約

明石順三

英米の大驚愕

徳國の戦慄

目次

灯台社機関紙『黄金時代』第 71 号,
1933 年 12 月 1 日発行

## 灯台社の思想

灯台社の教義なり思想なりは、このように明石順三が在米中に親しんだワッチタワーの教説にもとづいたものであり、直接にはラザフォードの思想を受けついだものであって、エホバを唯一の神とし、三位一体説や偶像礼拝を厳しく排撃し、キリストによる救いを強調するなど、ワッチタワーの教義の基本を守ってはいるが、その教説の内容紹介にあたっては、順三自身の思惟や筆致によって、いっそう体制的キリスト教批判の基調をつよめているように思われる。

たとえば順三は『黄金時代』(六十九号)や後に『なぐさめ』(百三十七号)でも、三位一体や偶像礼拝の立場を斥けるための特集をしているが、彼の論旨を略記するとつぎのようになる。

彼はまず、旧約や新約の聖書からエホバが唯一の神であることを証言している数々の言葉を引用する。すなわち旧約においては、モーゼが「聴け、われらの神エホバは唯一のエホバなり」(申命記六章四節)といったのをはじめ、イエスも「主なるわれらの神は即ち一の主なり」(マルコ伝十二章二十九節)といい、予言者ソロモンも「神エホバよ、上の天にも下の地にもなんじのごとき神なし」(列王記略上八章二十三節)と証言し、なによりもエホバ自身が「人々、われのほかに神なしと知るべし、われはエホバなり、他に一位《ひとり》もなし」(イザヤ書四十五章六節)と述べている。また新約においても、「神は唯一」(ロマ書三章三十節)「神は即ち一人なり」(ガラテヤ書三章二十節)「唯一の主なる神」(ユダ書四節)「われらの救い主なる独一《ひとり》の神」(ユダ書二十四節)等々とあり、さらに「われら偶像の世に無きものなるを知る。またひとりの神のほかに神無きを知る。神と称うるもの、あるいは天にあり、あるいは地にありて多くの神多くの王あるがごとしといえども、われらにおいてはただ一人の神即ち父あるのみ。万物これより生じ、われらこれに帰す」(コリント前書八章四―六節)とあって、万物の父なる神は唯一つであり、偶像の空しきことも明示されているのである。

同時に、「それ神は一位《ひとり》なり、即ち神と人との間に一人のなかだちあり、即ち人なるキリスト・イエスこれなり」(テモテ前書二章五節)と記されてあるのをみれば、イエスはあくまで一個の人間であって、神の下におかれるものであり、エホバの代理執行者として終末のときにその精神が復活せしめられるにすぎないこともわかる。

しかるに、ローマ・カトリックなどに属するキリスト教の教職者たちは、〝神〟には父なる神、子なる神、聖霊なる神の三位があるとし、「これら三位の神は一なる神であり、これら三位は同一、同位、同等、同格の権威を有し、三位にして一体なる神は同時に父、子、聖霊の三様の働きをなすも、けっきょくは一にして、しかも三位。このゆえに三位一体の神という」などという説をなしている。明石順三にいわせれば、〝このような三を以て一となし、一を以て三となす奇怪な教理〟は、いったいどうして流布されるにいたったのか。

順三は、ここで三二五年ローマ帝国のコンスタンチヌス大帝の召集したニケアの宗教会議や当時のローマの国情に言及する。キリスト教徒の支持を得て皇帝の地位を確立したコンスタンチヌスは、ローマの元来の多神教を信奉する住民たちをも宗教的に信服させる必要に迫られたが、そこで案出されたのが三を以て一とし、一を以て三とする〝三位一体〟の教説であった。すなわち、この教説によるならば、多神教のローマ帝国本来の偶像教徒に対しては〝父なる神〟〝子なる神〟〝聖霊なる神〟の三位をあてがい、一方、一神教を信じるキリスト教徒に対しては、これら三位の神を以て〝一体の神〟なりとして臨むこともできる。コンスタンチヌスはこのようにすることによって偶像教徒とキリスト教徒を統一し、矛盾した両方の立場をすべて自己の勢力維持に利用しようとしたのだ。――コンスタンチヌスのこういう政略から、御用哲学者や司教・司祭たちが動員され、三位一体の〝邪教理〟(順三によれば)のとりまとめが命じられ、その間にアタナシウスを首領とする三位一体派が主導権を握って他のキリスト教諸派を圧倒し、ニケアの宗教会議では、みずから議長となったコンスタンチヌスの統御下に、三位一体がついにキリスト教の根本原理として採択公布されるにいたったのである。

この〝官許キリスト教〟によって、偶像礼拝まで新たにはじめられた。聖書ではあくまで偶像は無いにひとしいものとして、そのようなものへの拝礼は認められていないのに、ニケア会議以後、キリストの十字架像やマリアが礼拝の対象となるようになった。これらはすべて聖書の真理に反することだ、と順三は烈しく批難している。

ワッチタワーの文献では『預言』(Prophecy, 1929, 明石順三の訳書は一九三一年刊)につぎのような三位一体説批判がある。

「彼ら教職者は人々に三位一体の教理を教えて、父なる神と子なる神と聖霊なる神の三者は一体で、この一体のものは三位の神であり、三位の神は同位、同等、同格、同一の永遠の者だと説き示している。かかる言は何人にも了解不可能で、混乱を招くのみならず、神エホバを汚瀆し、折角の理性ある人々をして唯一位の神エホバから離れ遠ざからしめるものである」(『預言』二四頁)。

順三の三位一体批判は、こうしたワッチタワーの教理をさらに展開させたものであろうが、まえにもことわったように、神学上の論義はこの論の埒外にあるし、教派間の論争は果てしない問題でもあるので、これ以上の記述は避けることにしたい。

ただ、ニケア宗教会議をさかいとしてキリスト教が大きく変貌を遂げたことは、多くの史家の認める史実であり、明石順三の叙述はその点では誤っていない。順三とほぼ同時代に『世界文化史大系』(The Outline of History, 1920)を著わしたH・G・ウェルズなども、「ニケアの、いわば十分に成育を遂げたキリスト教なるものと、原初のナザレ人イエスの教えとの間には、きわめて底深い相違の淵が口を開いている。しかるに、困ったことに、すべてのキリスト教徒たちは、ニケアの信条(三位一体)はイエスの全き教えを包含していると思いこんでいるのである」(『世界文化史大系』六篇二十九章「キリスト教の興隆と西ローマ帝国の滅亡」)と述べて、明石順三の見解と基本的に一致している。

いま一つ、順三が三位一体の教説を排撃した論旨の基調には、聖書の原則にひたすら忠実ならんとし、それに論理的にもとるがゆえにばかりでなく、コンスタンチヌスの政略に結びついて制定されたものであるとする、〃官製キリスト教〃に対するつよい反発の姿勢もはっきりとうかがわれる。順三は後々カトリックの体制と歴史を執念く批判し、ナチズムやファシズムの跳梁をも法王庁の〃悪霊的なるもの〃の所産として考えたりしたようであるが、そうした抜きがたい体制キリスト教への不信感は、カトリック支配の根原をニケア会議にみられるような政権との結托にあるとしたことに生じたのではあるまいか。

そのほか、神を唯一とし、偶像礼拝を峻拒したことは、灯台社関係者や順三の三人の子どもたちの、当時〃現人神《あらひとがみ》〃とされ〃神聖ニシテ侵スベカラズ〃とされた天皇の神性を認めず、国旗や宮城遙拝なども拒むという実践の行為となってあらわれ、いずれも不敬その他の罪に問われるという事態をも招いたが、それについては後にふれる機会があるであろう。

## 灯台社文献にみる戦争批判

順三は、ワッチタワー文献の紹介にあたっても、以上のような思想的立場を基調として、教義を知的に集約、発展させながら、現実の国家や社会を批判する傾向を明確にうちだしていたように思われる。

現に、順三自身、たとえばみずからの翻訳にかかるラザフォード著『神の立琴』(The Harp of God, 1921, 邦訳は一九二五年刊)の日本語版の冒頭で、「訳者はこの書を訳するに際し、字句の翻訳に忠実ならんを期する前に、出来得る限り著者の真意を捕えて紹介することに留意した」とことわって、行文に自己の思想的把握をかなり大胆に反映させたのを認めている。そのことは、灯台社文献がラザフォードの原意を正しく伝えようと心掛けられてはいるが、すでに明石順三の思惟・思考ならびに文体を通じてアレンジされた、本質的にはラザフォードとの共同思索の所産ともいうべきものになっていたことを意味しているといえよう。

実際に原文を照合しながら灯台社文献を通読してみると、初期の文献はむしろ逐語訳的に忠実に訳述されているけれども、それでさえも、順三の筆致を通して、ラザフォードに本来あった現実主義的傾向や国際状勢への洞察が生かされながら、当時の宗教書はおろか、社会科学の書にも類をみないほど、きわめて尖鋭にして濶達な国家や社会機構批判、なによりも戦争に対する真向からの批判の語調がつよめられているのに気づくのである。

しかも、こうした論調のゆえに、これらの文献は後にすべて発禁・押収の処分を受けるにいたった。そこで、明石順三の執筆した文献中の生《なま》の行文を紹介することは、戦前の政府もしくは国家権力がいかなる指摘を恐れ、発禁処分などの妨害・弾圧をしたかを知る一資料となると思われるので、試みに単行本の『神の立琴』『政府』(一九三〇年刊)『預言』(一九三一年刊)から若干の部分をそのまま抜萃することにしたい。

ラザフォード=明石順三文献における現実の国家社会の批判は、まず資本家に鋒先が向けられ、その悪を攻撃することからはじめて、政権や教権がいかにそれにつながって行くかを説く。以下論旨を追って引用してみよう。

「工場や製造所等に関する労働状態に見るも、従業者や職工の労銀は雇主の手で益々削り取られるばかりか、雇主側は容赦もなく解雇手段を執り、今や、何百万という失業者をして喰うに食なく妻子を養い得ざる悲惨なる状態に陥れ、しかも彼ら資本家側は不義の栄華を楽しんでいるのである。一方、富める者より僅かな労銀を得て彼らにほとんど生死の権を握られている労働階級の人々の心には、益々悲哀の念が刻み込まれて行く」(『神の立琴』二九四頁)。

「良心の全く腐れ果てたる暴利資本家は虚偽と巨額の金を以て政府当局と民衆の投票権を腐

敗せしめ、己が悪行為を盛んに継続している。これら貪婪なる悪しき暴利資本家こそ黒幕の中にあって政府の実権を握るものである。この故に政府の実権は、金を以て神と崇むる極く少数者の手に全く掌握されているのである」(『政府』一六頁)。

「これら我利我欲の徒は選挙を左右して己が欲する処の人物を自由に政府の要処に置く。民衆は単に選挙の形式を踏むといえども、結果は常に資本家の意のままとなる。国民の公僕たるべき政府役人は資本家の命のままに国法を改変して一般国民の福利を無視す。かかる悪法の下に一般民衆は蹂躙され、強奪さる。ある市民は怒ってこれを法廷に争うも、正義を行うべき法廷はこれもまた強欲なる資本家の手の下に自由に支配されていた。貧しき者の法廷に勝つはほとんどの場合絶望である。有名なる一弁護士はいう。〝貧富の差によって人間の力の平均の無視されること法廷におけるほどその甚しきは社会に見ざるところである。黄金は、最も有力なる弁護士を雇い入れ、各方面より己れに有利なる証拠を自由に蒐集することが出来る。而して貧しき者は法律上に有する己が権利を悉く失うのである〟」(『政府』三五五頁)。

「今日において最も強欲の徒は、その強大なる財力と権力、勢力を用いて社会の報道機関なる新聞雑誌を自由に支配し、いわゆる輿論なるものをつくり上げて自己のために利し、人々をして事実の前に盲目ならしめている。もしこれら新聞雑誌の記者等に自由が与えられるならば、彼らは喜んで事実を報道すべきも、彼らは彼らの生活の鎖を握る強欲者たちの前にその掣肘を受け、その命令に服従しなければならぬのであって、然らざればそこには単に彼らの滅亡があるのみとなる。而して、もしその事実が新聞紙上に報ぜらるることありとしても、舞文曲筆の妙を尽してその真意は昏晦し、果して事実なりや否やを判定する事が出来なくなるのである」(『政府』三五七頁)。

灯台社文献は、このようにして言論や報道までも操縦する資本家の独占的支配体制に、政治家とともに教職者までもが唯々諾々と従属するのみであると説く。

「これら少数の資本家は良心なき政治家を舞台に踊らし、キリスト教会と呼ばるる一制度と、とくに牧師・伝道師等の教職者をしてその伴奏の役を承らしむ」(『政府』一七頁)。

「政治家は常に資本家の走狗であるが、今日では既にその為すべき方法を失い、昏迷の極に達せんとしつつも、なお彼らの相棒の助けを頼んでその獣的制度を続けんとしつつある。獣的制度の第三者は即ち教職者と称する徒であって、彼らは教会制度という方法によって人心を束縛し、世人をして資本家階級に隷属せしめんと努めつつあるのである」(『神の立琴』二九四頁)。

「カトリック教会やプロテスタント諸派の教職者は何故に義《ただ》しき政府に関し聖書に基いて神の御計画を宣明する人々に反対するのであろうか。その答は簡単である。これら教職者は暴利資本家や政治家を聯合して地上の諸国諸民を支配し、彼らの見えざる主君にして悪しき君たるサタン即ち悪魔の指揮下に行動しているからである」(『政府』三七八頁)。

——資本家を主力とする社会・国家制度は、最大の悪である戦争の元兇ともなる。戦争がいかにしておこされ、それがいかなるものであるかを、初期灯台社文献は、第一次大戦後平和が叫ばれながらふたたび各国の軍備の強化される状況のなかで、つぎのように論述する。

「戦争を製造するのはこれら少数の富者であって、彼らはこれによって莫大の富を増し加えるのである」(『預言』二〇三頁)。

「政治家たちは各種の平和条約の締結に賛成すと称しつつ、実は、各国ともに軍備拡張に熱中し、空前未曾有の大戦備を整えているのである。この政策において政治家は他の金権者と教権者より強力なる援助と支持とを受けている」(『預言』二〇六頁)。

「政権者は〃平和〃を叫ぶ商業権者によって支持されつつなお莫大巨額の金銭を費して戦備を整えている。彼らの主張するところは〃戦争を回避し得る唯一の方法は互いに戦備を充実するに在り〃というのである」(『預言』三〇八頁)。

「軍備充実のこの事実は諸国が好戦的であることを立証するものである。ピストルを携帯する者は己が怒れる時にそれを使用せんがためである。諸国はこの種激動しやすき殺伐なる人間によって組織形成されている。而してこれら諸国が我利と私欲に満ちたる野心者によって左右されある時に、その我利私欲を遂行せんがためには何時にてもこの武装を活用することとなるは当然である」(『政府』二五頁)。

さらに、大戦後、以前にもまして劇甚な武装競争が行なわれているのをみれば、国際間の平和を守ることをうたって組織された国際連盟の有効性の限界も、おのずから明らかであるとして、

「国際連盟なるものは諸国民の間に漲る平和要求の輿論を鎮めるための単なる弥縫策に過ぎず、民衆は他に頼るものを見出さざるが故に、国際連盟を唯一の助けとしてすがりついている」(『政府』三四九頁)。

「世界大戦は諸国民をして次の大戦を阻止せしむるためにあらゆる方策を尽さしむるほどの恐怖を与えた。この時為政者は全地(世界)の主なる諸国を連盟に組織することによって満足する平和を実現することが出来ると考えた。かくして国際連盟が組織された。しかし国際連盟は現世界を少しも改良しなかった。これは更によき政府をつくることも出来なければ、また戦争を防止することも出来ない。——欧亜の諸国はいずれも陸軍・海軍・空軍の戦備充実に熱中している。世界大戦休止後十数年、国際連盟の組織後既に十数年の今日に於いて、諸国はその政治家達の吐き散らす平和演説とは全く反対に、その武装を益々厳重にしている。即ち大資本家が軍備撤廃を許可しないのである。次の大戦に対する各国の戦備は着々と進行中であって、民衆はいよいよ甚しくなる重税の負担下に益々苦悩す」(『政府』二六頁)。

文献は、軍備拡張運動が世界にふたたび恐るべき大動乱を発生させることは必至であると警

告して、一度戦争が勃発すれば犠牲となるのはつねに民衆であることを強調しながら、戦争そのものの実態にも迫って行く。

「もし一国政府と他の国の政府との間に紛争が発生した場合には、その国の人民は強制徴集を受けて武装させられ、他国政府の人民を殺戮するの戦争に従事しなければならぬ。愛国の語は民衆を互いに殺戮せしめ合うに用いらるる最も有力なる道具である。――方則として、かの無暗に愛国愛国と騒ぎ回る連中に限って決して戦線に出でしことなく、常に後方にあって火事場泥棒的に不義の財宝を掻き集めるのである」(『政府』二八頁)。

「一国の民衆は他国の民衆と戦うを欲せず、またこれを煽動もしない。戦争の重荷を負うべき肝腎の民衆は決して開戦についての相談には与らない。ただ政府当局者のみが、商業の利権拡張やその他のいわゆる理由のために他国に対して開戦を決定するのである。当の戦争製造者は自国の安全なる場所にあって、開戦の事情には一切通ぜざる一般民衆のみが急ぎ武装されて戦線に急派され、そこにて苦しみ、死ぬることとなっている。――この戦争を製造したる当人等は国家に勲功ある者として光栄ある勲章を受け、なんら事情を知らざる数百万の人間が無理矢理に死なさるるに至っては全く言語道断、沙汰の限りである。況んやそこに戦争の結果として無数の老弱男女を苦悩せしむる戦争の恐怖の甚大なるに於てをやである」(『政府』三五一頁)。

「ここに一人の青年があって平和と家庭とを愛し、己が恋人を妻として楽しんでいた。この新夫婦の前途には洋々たる希望が開けていた。その時彼は自国と他国との間に紛争あり、暗澹たる戦雲の低迷していることに気がつかなかった。突如宣戦は布告された。なんら警告なしに青年は兵役に徴集され、その若き愛妻から引き離されて戦線に急送された。新妻の悲嘆と恐怖は甚しく、その苦悩の中で子供が生れた。政府から食糧品節約の布告が発せられた。嬰児の食料たるミルクにさえ大制限が加えられた。暴利商人はこの騒ぎを利用して食料品を買い占め相場を煽った。母はその子と己の為に食物を買う事が出来なくなった。若き母は己が子の栄養不良に陥って日々衰え行くを、ただ手を拱いて眺めているより他に仕方がなかった。その愛子は父を知らずして死んで行った。その時父は修羅の巷にあって人間同志が敵味方に分れて互いに殺し合っていたのである。幸いにして生き残り得たとするも、彼は健康を全く損ねて帰国し、そこには日夜飢餓と辛労に痩せ衰えたる愛妻の痛ましき姿を見出すであろう。華やかなりしその蜜月旅行も今は消えにし夢なれや、その楽しかりしは朝日の光に消え行く草葉の露のそれにも比すべき程儚なきものであった。かく全地諸国には残虐なる戦争の犠牲となって歎き苦しむ無数の人々がある」(『政府』三五一頁)。

「民衆は平和を望む。されど形勢は示して次の大戦近きに在り。宣戦布告とともに彼らは否応なく徴発されて流血の惨事を行うを強制さるべく、その徴集に応ぜざる時には早速非国民・売国奴の罪名下に投獄の憂目を見ることとなるのである」(『政府』三五二頁)。

灯台社文献はこのように論じた後、戦争の危機にさいし、あるいは前大戦の最中に、既成キリスト教の諸教団の聖職者がなにをしていたか、と教会に対する追及をくりかえしている。

「イエス・キリストは、父なる神エホバの律法なる〃汝殺すことなかれ〃を教えて真のクリスチャンに対する戒めとされた。イエスはさらに教えて、己が兄弟を憎むものは殺人者であると示された。が、世界大戦に際して、ほとんど全部の聖職者は民衆の敵愾心を煽動し、互いに殺し合えと奨励した。キリスト国の教職者と〃群《むれ》の長《おさ》たち〃は敵味方にほとんど二等分されていたが、しかも彼らは敵側の人間を殺害せよと奨励煽動したのである」(『預言』一九四頁)。

「カトリックとプロテスタント新教の各宗各派を問わず、その教職者の全部はこの世の政治に関与し、キリスト教国と称する地上諸国の政権を掌握せんと努力している。彼らはみな世界大戦の助長に貢献した」(『預言』一九五頁)。

「資本家は何れもいかにして教職者を籠絡すべきかの方策を知悉す。この故に彼ら資本家は教職者の前に少しの餌を置く。而して教職者らはそれを摑みとらんがために躍起焦燥す。この世の諸政府を自由になしつつある資本家らは教職者らを容れてこれを盛んに支持す。何故なれば教職者は一般民衆を瞞著するの器として利用するに妙だからである。教職者は神々しき煙幕を提供し、良心なき暴利資本家はその煙幕の掩護下にあらゆる不徳背信の悪行為を逞しくす。神を代表すと自称しつつある教職者が議会の議場に立ちて祈禱し、密醸者や収賄者、利権屋の上に神の加護豊かならんことを祈るがごときは、今日の教職者にとって全くの日常茶飯事に過ぎないのである。而して、もしこれらの教職者の一人が戦争製造者や民衆圧迫者のために祈禱を献じるの行為をなす時、新聞雑誌は争ってこれを大々的に報道して彼を賞讃するのである」(『政府』三五八頁)。

「神はその適宜の時にラジオを活用せしめ、人々がその家にいて〝獄卒〟即ち牧師の妨害を受くることとなくして人々に真理の証言を聴かしむるの方法をとられた。(注、アメリカでワッチタワーの教義が放送されたことを指す)このことを知った欧米諸国の教職者等は資本家等と合同してラジオを支配し、真理が空中を通じて放送されることを妨害せんと努む」(『預言』二八七頁)。

ラザフォード＝順三文献は、このような教会と聖職者に対する批判を随所に展開しつつ、「資本家は民衆の金銭を盗む。而して教職者は人々の帰順を神エホバより盗みとるが故に、他の何者にもまして極悪者である」(『預言』二八八頁)。

「彼ら聖職者は厳粛ぶった大声を挙げて叫ぶ。〝平和、平和、平和樹立の為になせし我らの功績を見よ〟と。而して神エホバは明かに示し給う、〝平和なし〟と」(『預言』三七一頁)。とまで厳しくきめつけるのであるが、こういう論難が日本においてもキリスト教諸派のいちじるしい反感を買い、たちまち異端呼ばわりされたことは最初に述べたとおりである。

それにしても、資本主義社会一般の機構や、政・財界の密着や、軍産複合の体制や、帝国主義的侵略戦争そのものを否定した灯台社文献の数々の批判的見解は、現代の時点からみてもきわめてまっとうなものであり、正鵠を射たものといわざるを得ないであろう。

一方では、一九二八年八月のパリ不戦条約の日米の調印のような時事的な問題にもふれながらその不毛性を指摘する形で述べられているので、実感としては国際事情にうとかった当時の日本人にとって、新知識としても充分通用するものがあったはずである。同時に、ラザフォードの原文が資本主義国アメリカの実情に即して叙述されているので、むしろ戦後の資本主義体制下にある日本のさまざまな状況に対応させてみると、ラジオをテレビ、資本家を企業といった言葉におき換える程度で、そのまま通用するか、いっそうのリアリティをもって読みとれるかする部分が多々あるのにきづかれるにちがいない。

しかし、これら灯台社発行の文書が頒布されたのは、昭和初期から満州事変勃発前後の日本であった。思想の自由が官憲の弾圧なしには存在し得なかったし、その抑圧も軍部の台頭とともに次第に強化されつつあった時代である。そういう時期に、これだけ明白・直截な表現で国家体制や戦争を批判した言葉は、当然内務省による検閲の禁止事項にも抵触し、ふつうの雑誌や図書などではすくなくとも部分的な伏字か、場合によっては全文削除、あるいは発禁の処分を受けずにはすまない性質のもので、原形のまま流布できたとすれば、奇蹟に近いほどのことだったのである。

## 最初の受難

一九二五年(大正十四年)五月、もともと共産党の弾圧を目的に施行された旧治安維持法は、「国体ヲ変革シ又ハ私有財産制度ヲ否認スルコトヲ目的トシテ結社ヲ組織シ又ハ情ヲ知リテ之ニ加入シタル者」に対し十年以下の刑を科することとしていたものが、一九二八年(昭和三年)六月最高刑を死刑または無期懲役とするという改悪があり、同年七月には思想取締のため内務省に特別高等警察課(いわゆる特高)が新設され、憲兵隊にも思想係が設置されるなど、治安維持法を頂点とする弾圧の体制は、ひろく一般の学界・宗教界や市民層までを対象に、拡大強化される一方であった。

その上、一九三一年満州事変が勃発して、財閥資本と結んだ軍部はしきりに戦争拡大をはかり、そうした戦争や天皇の軍隊の動向に対する批判の文書・図書も、内務省の検閲によって禁止処分を受けるほかに、「安寧ヲ妨害シ、皇室ノ尊厳ヲ冒瀆シ、政体ヲ変壊シ、又ハ国憲ヲ紊乱セムトスル文書図書ヲ出版シタル者」といった名目で出版法によって禁錮や罰金の実刑を科せられるおそれもあったわけである。

だが、それにもかかわらず、明石順三指導下の灯台社は、そのような法律による断罪など意に介さないごとく、文書配布や地方伝道の実践活動も、型破りの積極的な方法をとっていた。

前述のような、当時としてはきわだって大胆な戦争批判、社会機構批判の内容を盛りこんだ文書、機関紙、小冊子を配布するにあたっても、駅頭、学校周辺などの街頭や戸別訪問による配布のほか、いまでいうダイレクトメール方式によって一度に数万部を多方面に発送した。発送責任者であった赤松朝松によると、各界の名簿類を集めて作成した発送先の名簿カードの入ったケースが、事務所の六畳あまりの一フロアーに一杯になっていたほどで、百人あまりの学生、勤人、未婚女性などの奉仕者が手分けして発送する機関紙の部類は、一九三一、二年ごろには一度に四万部あまりに達した。その発送先も、天皇や宮家をはじめ、首相、内大臣、各大臣、貴衆両院議長、議員、枢密院や各省の高官から、各界人、さらには遠い地方在住の名もない一般庶民、主婦にいたるまでひとしなみに、文字通り千差万別であった。

文書伝道というのは、コルポーター colporteur（原意は宗教書行商人、後パイオニアとあらためた）と称する奉仕者が戸別訪問して機関紙や小冊子を配布することであるが（機関紙『黄金時代』は一部二銭、一九三六年以後五銭、小冊子は一部十五銭ぐらいで、半分が配布者の収入になった）、地方の場合は三、四人の灯台社の「エホバの証者」の資格をもつ部員たちがその地に乗りこみ、文書伝道を兼ねて聖書研究会を開くなどして開拓をはかった。地方へ行くメンバーは、汽車などは利用せず、そろって自転車に乗って東京荻窪の灯台社を出発し、東京近県からはじめて関東、甲信越、北陸、あるいは伊豆、東海を経て近畿、山陽、山陰、さらに北は東北、北海道にいたるまで順次に巡回・開拓し、やがて朝鮮、沖縄、満州、台湾など外地にまでおよんだのである。

灯台社では、この自転車に乗った伝道グループをはじめ「戦車部隊」と呼んだ。（といっても戦争用の戦車ではない。詩篇六十八篇十七節に「神の戦車《いくさぐるま》はよろずによろずを重ね千々に千々を加う。主その中に在ませり」とあるのにもとづく、エホバの組織制度を意味する名称だが、官憲から不穏との理由で廃名させられた）自転車に乗ったパイオニアたちは、キッチンカーなみに自炊道具のナベ、カマ、七輪、石油コンロや木製のベッドまで積みこんだリヤカーをひっぱって行った。彼らはそのため、箱根の山越えはじめ峠にさしかかるたびに自転車をかついで、リヤカーをおしあげるなど、惨憺たる苦労をかさね、好意的に貸してくれた寺の庭や民家の軒先で野宿をつづけて、ようやく目的地に着くと一箇所に半年ぐらい下宿して伝道の生活拠点とした。そうやって彼らはなかば土着しながら、周辺に文書伝道をし、聖書信仰の滲透をはかった。

このような伝道活動は、地方の小都市で土地の人々に親近感を抱かせることになったであろうが、反面、とくに警察関係者の警戒心をそそったのではあるまいか。

なかんずく、灯台社のパイオニアたちが住みついた先々へ明石順三らの幹部たちがきて、日本を含めた現代の国家社会体制の積悪や、好戦的傾向を批判・攻撃し、その悪の世にも終末の時の兆しがみえ、神の国がかわって建設される日も近い、と説くわけであるから、これは革命に通じるのではないかと、ただささえ官憲意識の過剰な地方の警察関係者は、いっそうその意識を逆撫でされる気持で考えもしたであろう。実際、幹部の一人となっていた赤松朝松は話している。「伝道先の地方の警察当局者による文書没収その他のパイオニアに対するいやがらせはたびたびのことで、しまいには馴れっこになった」と。

しかも、先に内務省に特高課がおかれたのにつづいて、一九三二年六月には、警視庁や各道府県警察部に特高課がおかれて、全国的に特高網が敷かれることになり、宗教活動に対しても、その教義・思想内容に対する取締りは一段と厳しくなった。まして、灯台社文書は皇室関係や各省大臣など高官にも直送されていたぐらいであるから、当路の官憲筋の目にふれずにはすまなかったであろう。多くの宗教結社のなかでも、とくに灯台社の存在は、警戒をつよめはじめた思想警察関係者を刺戟せずにはいなかったはずである。

明石順三も、そういう険悪な情勢に対して、まったく備えていなかったわけではない。彼は、後にみずからの手記『灯台社事件の弾圧と虐待顛末報告書』(戦後の一九四九年三月、国会図書館調査立法考査局の戦時下宗教圧迫に関する調査依頼に答えたもの)のなかで、満州事変直後のころを回想して、

「日本政府当局は、灯台社のクリスチャン的活動に対し、終始厳重警戒の手を緩めず、特高網は支部長（注、ワッチタワー日本支部長＝明石順三）以下の文書伝道者全部の身辺に厳しく張りめぐらされ、行動は制縛され、一言一行の上にも甚しき抑圧が加えられた。支部長はこの間に処して、書物・冊子及び定期刊行物の輸入と発行、講演会及び大小集会の開催等に違法なきよう万全を尽した」

と記している。が、ここで違法なきよう万全を尽したというのは、弾圧を恐れてあらかじめ手控えしたことを意味するのではなく、たとえば機関紙・小冊子などの配布にしても、内務省図書検閲への納本と同時に郵送をすませておき、たとえ発禁処分に付されてもぎりぎりで発送済みにする、といった合法的な伝道貫徹のための対応手段を講じることであった。

そのうえ順三は、満州事変前後から急激に台頭したファシズムに対しても、『黄金時代』（当時発行のものは、まもなく第一回の弾圧でほとんど発禁・押収の処分を受けたが）の紙上で、ドイツのナチスやイタリアのファシストがいかに悪の体制の手先であるかを説くことによって、その危険性をくりかえし警告していた。そうしたことも当局を刺戟したのか、一九三三年（昭和八年）五月中旬、ちょうど京大滝川教授事件とときをおなじくして、灯台社は最初の弾圧の受難をこうむったのである。

弾圧は、荻窪の灯台社本部（明石家の住居を兼ね、灯台社の奉仕者たちも宿泊していた）に対する手入れ、奉仕者の検挙、在庫文書類ことごとくの押収とともに、伝道の先々でのエホバの証者たちの一斉検挙にもおよんだ。

明石順三の長男真人は、当時まだ十五歳の少年であったが、ちょうど静岡県藤枝の伝道先で、グループ三人と例のリヤカーの天幕を川原に張って野宿していたところであったが、明け方、藤枝署員によって全員逮捕され、警察署へ連行・留置された。取調べらしい取調べもほとんどなかったというから、まったく弾圧のための逮捕だったのであろう。三日の拘留で釈放されたが、土地の人々はかえってこの事件で彼らに注目し、留置中、川原に放置された荷物の番をしてくれるなど同情を寄せたそうである。

明石順三は、本部の手入れのとき、満州の遊説先にいた。その手記によれば、

「昭和八年五月千葉県特高課の手にて(注、千葉県下に配布された文書摘発が弾圧の口実になったことを意味する)灯台社の一斉検挙が行われ、全国に於て百余名の文書伝道者が検束された。折柄支部長(順三)は満鮮地方を巡回講演中であったが、奉天(瀋陽)にて同検挙の新聞記事を見、直ちに千葉県特高課と電報連絡、京城経由帰京して(五月二十二日)千葉県庁に任意出頭した。即日市川署に留置され、特高課長某及び高乗部長の厳重取調を受けた。此の結果、過去六年間を通じて合法的に発行頒布しつづけて来た書物冊子及び印刷物全部は発売禁止処分に付され、その残存品数百万部が押収された。支部長は留置四日の後、(五月二十六日)虱四疋を土産とし

て釈放された」

ということであるが、この弾圧について、官憲側の司法省刑事局の極秘文書『思想研究資料』にのこっている記録をみると、「昭和八年五月不敬容疑を以て、千葉県下に在りて活動中なりしパイオニアの検挙事件が勃発したるが、波紋は拡大して東京市の灯台社本部を始め全国に及び、宣伝文書は悉く押収せられ、且取調の一段落まで布教の中止を厳命された。此の第一次検挙事件は『黄金時代』三十四号、六十六号を除く全刊行物の発売禁止処分を以て終幕となった」(司法省刑事局『思想研究資料』特輯九十六号、二〇七頁)とある。一九三五年の治安維持法による大本教事件に先立つこと二年、灯台社は宗教結社としても最初の弾圧を受けたのであった。

なお、この検挙のさい、明石順三の取調べにあたった予備騎兵大尉たる高乗部長は、「この検挙はドイツのヒトラー政府と策応して行なったのだ。ドイツのワッチタワー文書伝道者二万名も一斉検挙した。聖書がなんだ。神の国がなんだ。日本は神国だ。日本はすでに満州を自由にした。この次は北支五省を自由にし、やがてはシナを収め、全アジアの大盟主となって大経綸を行なうことに決定しているのだ」と怒号し、順三がつねに腰の革袋に入れて所持していた聖書を床に叩きつけ、それを踏みつけて見得をきったという。

特高関係者のこのヒトラーによるワッチタワー弾圧に関する放言はほぼ事実であった。ワッチタワー本部が第二次大戦後に刊行した機関誌や『エホバの証者』関係の資料によると、ドイツにはヒトラーが独裁者として登場した一九三三年一月当時、一万九二六八名の「エホバの証者」がいたが、同年四月ワッチタワーの印刷工場や集会所が警官によって占拠され、集会も禁止となり、以後地下活動を余儀なくされてからも、ヒトラーは「エホバの証者」たちを絶滅しようとナチス秘密警察による検挙投獄をくりかえして、ユダヤ人同様に各地の強制収容所に送りこみ、逮捕されたワッチタワー関係者は一九三四年から一九四五年までに一万人以上に達し、監獄や強制収容所で言語に絶する過酷な扱いを受け、約二千人の信者が拷問と虐待のなかに生命を落とした、と記されている。

灯台社弾圧に関しても、その時代ドイツのヒトラーのナチズムと日本のファシズムは、かくのごとく歩調をそろえていたわけである。

第一次検挙のさい、明石順三は満州を講演旅行中であったが、灯台社はそれ以前から、沖縄県、朝鮮、台湾などにも伝道者を送り、とくに日本の植民地支配に苦しむ朝鮮や台湾の住民の間にかくれた支持を得つつあった。灯台社は、ワッチタワー日本支部として設立された直後から、朝鮮語や中国語による文書の配布を朝鮮や満州向けに進めていたが、そのうち朝鮮語版は、京城に小印刷所をつくり、朝鮮人スタッフによる朝鮮語訳の機関誌『黄金時代』や小冊子『幸福の道』を刊行して、各地に配布した。一九三一年ごろからは、明石順三が若い朝鮮人の文書伝道者をともなって、京城、平壌をはじめ朝鮮各地の講演旅行を行ない、住民に神による救いを訴え、灯台社教義の滲透をはかった。共鳴者はすくなくなく、とくにかねてからキリスト教に関心を抱いていた朝鮮人青年の加入が次第にふえた。

しかし、日本における第一次灯台社弾圧にひきつづき、朝鮮においても日本政府は灯台社を弾圧すべく、一九三三年六月十七日京城の灯台社事務所を警官が襲って、単行本や小冊子を含む文書五万部を押収し、荷車十八台におよぶ灯台社財産の撤去を命じ、八月十五日には平壌の「エホバの証者」の朝鮮人宅を手入れして、三万三千部の文書を押収した。が、こういう弾圧にもかかわらず、灯台社にくわわった朝鮮人の信仰は固く、第二次大戦下、獄につながれながら数すくない非転向の立場をつらぬいた文書伝道者玉応連、崔容源らが育ったほか、後に多く獄死するにいたっても聖書信仰の立場をかえなかった朝鮮住民の信者も生まれたのである。

台湾には、大江頼一《おおえよりいち》という三十代の文書伝道者が主になって、当時〝蕃人〟と呼ばれた高砂族(現在は山地人と呼ぶ)原住民の間に伝道につとめた。

一九三〇年十月霧社の高砂族住民タイヤル族の一部が、日本の植民政策による警官の搾取に対して叛乱をおこした直後の時期であったが、大江は足が不自由だったにもかかわらず、台北からの鉄道の便もない台湾東部海岸地方の〝蕃地〟に徒歩で赴いて、道らしい道もない山岳地帯や、とくに池上部落(花蓮港と台東の中間)を中心にアミ族の間に信仰を普及させ、原住民信者は二、三百人に達し、アパン、ツンドク、トシントといった名前が、灯台社関係者の名簿のなかにくわえられた。

　当時を知る高砂族住民に直接きいた話では、「カトリックや長老教会の牧師たちもキリスト教をすすめにきたが、彼らはいきなり物資をくれてわれわれを堕落させ、意のままにした。あとには救いはなかった。その点、灯台社は物はくれなかったが、聖書の直接の信仰を教えることで、われわれに精神的な救いを与えた」ということである。救いのない植民地支配のもとで、灯台社の名もない文書伝道者の一人が住民の信頼をかちえて行ったのが、こうした話のなかにもうかがい知られるのではあるまいか。

　しかし、その高砂族の信者たちも、後に第二次大戦中には、官憲による言語に絶する虐待に遭遇しなければならなかった——。

# Ⅲ　村本一生と明石真人の軍隊内兵役拒否

満州ハイラルの第23師団通信隊時代の村本一生
(二列目向って右から二人目の眼鏡をかけた兵)

## 再建灯台社の活動

明石順三は、後に同獄となった共産主義者春日庄次郎に、戦後書き送った手記のなかで、米国から帰って灯台社を設立したころを回想して、「カトリックやプロテスタントの諸会派ばかりでなく、国家権力を背景として人間天皇を現人神と祭り上げ日本全土に傲然と蟠踞する神道との抗争に、聖書一巻を持ってとび込んで行った気持は、封建的機構で出来上っている日本国内に、マルクス主義実現を敢行せんとする共産主義者の覚悟と勇気に相通ずるなにものかがあったと思う」と記したことがある。一九三三年の最初の弾圧を受けたあと、いよいよ官憲をも明白に敵にまわして、灯台社の再建にかかる順三の胸の底には、党再建をはかりつつあった非合法時代の共産党グループとも軌を一にしたものが流れていたにちがいない。

伝道に欠くべからざるほとんどすべての文書を押収・発禁処分にされた順三は、それにもめげず、五月二十六日千葉県市川署から釈放されると、ただちに再組織に着手し、翌二十七日と三十日の二回にわたって、今後いかなる弾圧があっても、強固な信仰にもとづいて灯台社の伝道活動に生きる覚悟があるかいなかをたしかめる手紙を書き、全国のパイオニアたちに発送した。その結果、落伍者もだしはしたが、信教の確答の得られたものだけで灯台社は新たな同志的結合を固め、六月早々から再出発したのである。

灯台社はここに第二期ともいうべき段階に入ったわけで、これ以後日華事変のはじまる前後までが、明石順三以下のグループが日本の独自の状況のなかで、創造的な意志によって、思索と実践の活動を深めた時期でもあった。

そのことは、一九三五年五月、本部内にはじめて中古の印刷機が購入され、すべての文書が灯台社内部で印刷可能となったことで現実的な基盤を得た。同時に文書の中身も、初期灯台社の「ラザフォード=順三文献」にかわって、順三みずから、毎週木曜の東京淀橋公会堂における『聖書木曜講演』(一九三五年三月―)、大阪市実業会館、神戸県会議事堂における『聖書十講』の連続講演研究会(一九三五年四月―)、朝鮮の京城日報会館および平壌公会堂における講演会(一九三五年十月)など各地の多忙な伝道講演のあいまに、ほとんどオリジナルに書きおろした。

こうして、『黄金時代』だけでも一九三三年六月から一九三七年中に、「救・十字架の道」(七十号)「独逸を解剖す」(七十一号)「人、その存在理由」(七十二号)「聖書の真意義」(八十五号)「信仰の真意義」(八十七号)「羅馬法王教権の伊太利掌握まで」(九十七号)「法王庁の所産ナチス独逸」(百号)「聖バーソロミュー祭日事件」(百一号)「聖書よりみた女性の立場」(百十号)等々、聖書研究からナチズムやファシズム批判、キリスト教史など多方面にわたる標題内容のものを毎月印刷発行し、ほかに単行本『富』(一九三八年)、小冊子『神の国と平和』『保護』『警告』、戯曲『証明』等の文書をつぎつぎと出版した。

その印刷発行部数も、一九三三年の弾圧後一、二年のうちに『黄金時代』毎月十万部、伝導者用回覧誌『ワッチタワー』(旧名『光』)二百五十部、単行本・小冊子五千部など一カ月合計十万五千部に上り、一九三八年一月から『黄金時代』を改題した『なぐさめ』も、一年間に百十二万五八一七部を印刷している。(注、以上の機関紙・単行本・小冊子は一九三九年六月の第二次弾圧で全部発禁・押収・棄却の処分を受けた)

この間、灯台社は本部員と文書配布のパイオニア、地方奉仕部隊による再組織を完了し、東京の本部では順三夫人の明石静栄(後に獄死)や赤松朝松、地方伝道では長縄由三《ながなわよしぞう》、勝田義雄等当時三十代の人々、朝鮮伝道では玉応連(後に獄死)、李仁遠、文泰順等二十代の人々が主になって順三の伝導を助け、第一次弾圧直後から長崎活水女専出身の斎藤美哉子《さいとうみやこ》(後赤松と結婚)と福岡高校理科から京大工学部に学んだ斎藤光の姉弟も灯台社に加入して、文献翻訳の仕事を手伝った。これらの人々を中心に、一九三七年日華事変の勃発ごろから一九三八年にかけて、本部員三十人、朝鮮・台湾をも含めてパイオニア八十人の合計百十人がメンバーとして活動し、地方では常時四、五十人の奉仕隊員が各地の伝道に従事するまでになった。

荻窪の灯台社本部は、白山神社という社の森蔭の、粗末なペンキ塗りの木造二階建で、夏期はトタン屋根に太陽の熱射がじりじりと照りつけるので家中蒸風呂のように暑く、冬は隙間風が遠慮なくどの部屋も吹き抜けるありさまだったが、明石家の家族も本部員たちも粗衣粗食に耐え、わけへだてのない親しさで結束して伝道にいそしんでいた。

順三の夫人静栄は、大きな瞳のまぶたがふくらんでみえる上品な顔立の長身の人で、人が呼べば遠くの山のなかからこたえるように「はあ」とのどやかな返事をするというので、〝明烏の局《つぼね》〟というあだ名がついていた由であるが、芯は非常につよく、物事に動じなかった。もともと聖書講堂で帰朝早々の順三の話をきき、彼の生一本な純粋さにひかれたという静栄夫人は、第一次検挙のとき警察に召喚されても動揺をみせず、灯台社の再建を助けた。順三と静栄夫妻を中心に、灯台社に住みこんだ本部員たちは家族のように暮らしていたのである。

本部員の前歴は大工、洋服屋、学生、看護婦等さまざまで、それぞれの特技を生かして翻訳、印刷、製本、炊事などに働いていた。豊多摩(中野)療養所の結核軽症者も奉仕者にくわわり、本部の近くに借りた別棟に寝泊りして療養しながら、製本の作業をした。信者のなかにはハンセン病を病む娘もいて、文書は村山全生園や長島愛生園にも送られるなど、灯台社活動は人道主義的な社会福祉的な面も色濃くもっていた。

灯台社はこのような雰囲気のなかに再建を進めたが、明石順三の文書や講演における主張は弾圧以前とすこしも変わらず、戦争拡大をはかる国策にいささかでも迎合するどころか、平和と反戦を唱えて、信者間の回覧誌『神の国と平和』でもつぎのように述べた。

「諸国民の大部分は平和を欲求している。唯極めて少数者のみが常に戦争を望んでいる。両国の間に紛争が発生せる場合、一般民衆は和戦の如何を決するに全く無力である。少数の支配者のみがこの問題を勝手に決定し、一般民衆を戦闘のために強制徴集す。而して、戦争は常に極めて少数の者のみに物質的利益を与うる結果となる。一般民衆はこれがために大損害を受け、時ならずして多くの青年を墓場に送り、その跡には失望と落胆に苦しみ悩む多くの人々を見るのみである。戦争は人命の破壊である。人命を奪うことは殺人である。神は人々の生命を神聖なるものとされた。戦争勃発の真因は見ゆる人間の支配権の上に働くところのサタンの危険なる感化である」

その他、講演会、研究会などでも満州事変以来一貫して、「日本の対支(中国)行動は絶対に侵略的行為であって、この結果は日本を亡ぼすこととなる。天皇は人間の一人であって神に非ず。この人間天皇を擁して全アジア否全世界を征服せんと企図するがごとき計画は、悪魔に踊らされる軍国狂徒の誇大妄想である。故に、真に日本と日本人を愛する者は斯かる狂徒の妄言に惑わされるな」と明言し、『黄金時代』『なぐさめ』の誌上でも警告しつづけた。

ナチズムやファシズムを、中世の暗黒時代の教会支配のごとき悪霊の所産として批判したことはまえにも述べたが、とくにファシズムについて、順三は二・二六事件直前の機関紙『黄金時代』の紙上でこんなふうに解説し、批難している。

「彼ら(ファシズム一派)は、一国を自己の手中に握らんとする時、その国内に共産的勢力の擡頭を見るに及んで、一方之に対抗する反動運動を徐々に養成し、更に巧妙なる宣伝方法を以て国内に反共産党気運を急速に醸成、時宜《よ》しと見るや反動団体を突如強化進出せしめ、〃共産党の害毒より国家を救うはこの反動団体たるファシスト党又はナチス党以外に無し〃と高調して以て人民の信頼を之に繋がしめ、而して一挙に共産党の勢力を撃滅一掃してこの〃功労者〃たる反動団体の勢力の手中に国家の実権を掌握する方法を以てするのである。このことはムソリニを首領とするイタリーのファシスト党、ヒトラーを首領とするドイツのナチス党、等の顕著な実例を見て最も明白である」(『黄金時代』九十六号、昭和十一年一月一日発行、「ファッショ」)

「ファッショ運動は主義主張や理論が先ず前にあって発生したるものでなくて、運動の発展の過程に於て民衆を之に惹きつける為の必要上、種々なる口実や理由が製造され付加されて、この運動を道理化し、美化して来たに過ぎないのである。現在ファッショ運動の特徴と目さるべきものには、個人主義反対、国際主義反対、共産主義排撃、階級闘争排撃、打倒資本主義、国家の経済統制、議会政治排撃、独裁政治の確保、個人利益の無視、国民の平等、国家社会主義の徹底、戦争謳歌、理論よりも闘争、暴力の肯定等である。而して以上の諸点は之を一括して世界の独裁化を目的とするものであり、しかも之らの全部が先ず最初に国家統一の為に働き、しかる後にその独裁者を通じて国家を呑み喰わんとする、巧妙なる方法なることを知る」（『黄金時代』九十七号、昭和十一年二月一日発行、「ファッショとは何ぞや」）

明石順三によれば、こうしたファシズムの背後にも、「ローマ法王教権」流の支配の存在をみるわけであるが、それはともかく、いま紹介した『黄金時代』九十七号で彼がファシズムの特徴として列挙したものは、そのまま五・一五事件以来日本の軍部の革新派を以て任じた皇道派の若手将校らの、〝国家改造〟の主張や行動にあてはまるのである。さらに彼ら急進的青年将校の背後には、それによって国家支配を企てる陰険な軍部上層部もあったわけであるし、順三は、あるいはカトリックの体制になぞらえることでその背後の支配層の実態をつき、危険な淵へと傾斜して行く国情を適確に把握して、警告しようとしたのかもしれない。

実際、この『黄金時代』の発行された直後の一九三六年（昭和十一年）二月末、例の二・二六事件はおこったのである。ここで付言すると二・二六事件で暗殺された一人の斎藤実前首相も灯台社の聖書研究に関心をもち、親しく順三の教説をきいて、とくにナチズムやファシズム批判には共鳴を示し、「自分が生きている間は、陸軍部内のいうようにヒトラーと組むことはさせない」と巻紙の手紙に書いてよこしたりしたそうである。順三は二・二六事件直前にも斎藤を訪ね、悪化した情勢について話し、用心するよう進言したが（順三は新聞社関係の友人から種々情報を得ていた）、まもなく事件がおこり、斎藤は兇弾に斃れた。（注、斎藤実の日記によると一九三六年二月五日の面会者中に明石順三の名がある。なお、順三は五・一五事件や二・二六事件についても、軽躁浅慮な定見なき青年将校をまどわしたカトリック系の支配層の悪意に満ちた陰謀、という見解をとっていた)

ともあれ、日本の運命を決定的に暗い淵に落としこんだ軍部の謀殺に関しても、順三がそのファシズムの危険を予知し、つよく批判する立場にあったことは、彼の思想と考えあわせるときひとしお意義深く思われる。

後に、兵役拒否をつらぬいた村本一生《かずお》が灯台社にくわわったのは、ほぼこの時期であった。

## 村本一生の入信と応召

村本一生は、一九一四年(大正三年)三月熊本県阿蘇郡永水村(現阿蘇町赤水)の医師の家の長男に生まれた。

おおらかな阿蘇の自然のなかに育って、熊本市の県立熊本中学(現熊本高校)に入り、四年修了で旧制五高の理科に進んだ。そのころの村本は、目立つことのない理科マンとして終始し、とくに読書や思索に耽るようなこともなく、ちょうど五高に入った年に同盟休校騒ぎがあったときも、指導グループなどにはまったく関わりはなく、寄宿舎の一室でせんかたなしに友人と麻雀の卓子を囲んだりしていたそうである。

村本は五高理科から東京工業大学染料化学科に進んだ。その科を選んだのも、たんに就職の便宜を考えてのことで、一九三六年三月の卒業にあたっては、すでに前年中に三菱系の会社に就職も決定し、将来は技師の道が開けるはずであった。

そんな彼であったが、卒業前年(昭和十年)の最後の夏休みに、阿蘇の家に帰省していた折、たまたま二階の父の書斎で、灯台社の機関紙『黄金時代』の一部を手にした。熊本にも灯台社の文書伝道者がいて、一部二銭で配布してきたのを父が買ったものであった。村本はなにげなくそれを読んで、ひどく心をひかれるものを感じた。後年の彼は、その『黄金時代』が〝救い〟について述べたものであったこと以外は、どのような文面であったかを記憶してはいない。また、彼はまえの年に母を失ったが、そのためにとくに生死の問題など宗教的な問題に関心を深めていたわけでもなかったという。——だが、たった一部のタブロイド型の宗教紙を読んだ青年の日の村本は、その文面につよくひき入れられるものを感じて、発行元の灯台社ならびに編集発行人である明石順三なる人にも関心をもち、どうしても教えを乞いたい気持になって、日ごろの引込み思案にも似ず、面識もないその人に直接手紙を書く決心をした。(村本がそのとき読んだという『黄金時代』は、標題や日付けからみて、七十号の「救・十字架の道」と思われる。昭和八年十一月一日発行で、残存するものを発見できなかったが、別の号の明石順三の七十号広告文によると、「絶望下の人類よ、人智所産の無価値な救に頼るを止め、神の備うる真の救に入れ。本紙内容は神と人の関係、罪の発生、死の遺伝、贖価、救の完成等」とある。）

順三から、まもなく、手紙をうれしく読んだという意味の返事があって、二学期東京に戻った村本は、さっそく荻窪の白山神社横の灯台社を訪ねた。以後順三の指導により、一部の『黄金時代』によってまかれた種子は彼のなかで急速に成長した。それまで格別読書家でもなく、宗教に関心を寄せたこともなかった彼が、熱心に聖書や灯台社文献を読むようになり、ついに順三の手で洗礼を受けて、正式に灯台社の「エホバの証者」の一人にくわえられた。

翌年三月東京工大を卒業した彼は、折角きまっていた就職も抛って、灯台社に住みついた。いまとなれば、科学は人間を裏切るかもしれない、それよりは聖書(神)の真理に忠実でありたかった、といった理由づけもできるであろうが、そのときの村本の気持としては、自分は灯台社の信仰に生きるべく早くから定められていたのだ、というふうにしか考えなかったという。そして、彼は灯台社の本部員となり、やがて地方奉仕部隊のグループに入って、例の自転車に乗り、リヤカーの荷物を引いての箱根や三国峠越えの苦労をし、信越、北陸、さらには山陰へと、伝道の旅に明け暮れするようになったのである。

阿蘇の田舎町の実直な医師だった村本の父は、生一本な若い息子の気持を思いやってか、彼が信仰に入って一切の係累を捨てる意味で家にも帰らなくなったことについては、苦情も何もいわずに黙認したというが、心中では就職をも捨てた子の将来を深く案じたであろう。それにしても、技術者になることにきまっていた彼が、以前にはまったく無縁であった宗教に生きるようになったとは、まことに思いもよらぬ転身であったといわねばなるまい。

短時日にそこまで村本を打ちこませたのは、もとより教説にそれだけの説得力があったからというべきであろうが、ひとつには、明石順三の人柄が服装などもかまわぬ野人肌で、年少者には親鳥の翼の下にいるような平安の感じを与え、しかも人情こまやかな面が親許を離れていた若者を温く包容し得て、独特の正義観に満ちた一徹なところも、世渡りが下手な熊本人特有の頑固さを秘めた村本の、生真面目で潔癖な青年の気持に快く訴え、互いの内面にひびき交わすものがあったからではあるまいか。

村本は時が経つにつれて順三の教説と人柄に深く心酔して行った。文字どおり忠実な弟子となったが、灯台社の若い人々がみなそう呼んでいたように、村本も順三夫妻をパパ、ママと呼んだ。そのような呼び方は、家父権的な意識を反映させたものではなく、カリフォルニアの棄民に近い生活のなかで助けあうほかなかった日本人同士、みんなへだてのないきょうだい家族だというアメリカ仕込みの親近感によるものだった。村本は順三の三人の息子たちともすぐに実の兄弟のようになって、お互いに名前で呼びあった。村本を包む灯台社の雰囲気は温いものであった。

とりわけ順三の長男の真人と村本とは、年齢も三つしか違わなかったから、地方伝道にもいっしょにでかけて野宿もし、文字通り一つ釜の飯を食って苦労をともにした。真人は、順三の方針で小学校を出ただけで上級学校には行かなかったが、十四、五から灯台社の実践活動に入って、すでに地方伝道にも四、五年の年期を積み、その自転車を駆っての健脚ぶりに村本は舌を巻いた。一方真人のほうは、工業大学出の村本が酒も煙草もやめて(灯台社の教義は酒や煙草を禁じはしなかったが)、「この世を捨てて真のキリスト者になりたい」と願う、その世間に疎《うと》いふうなのをからかいながらも、彼のひたむきな純粋さを眩しいほどのものに思っていた。

ところで、村本はそもそも『黄金時代』に述べられていた神の救いの教理にひかれて灯台社に近づいたというが、〝救い〟の概念は灯台社の教説の重要なモメントの一つでもあるので、ちょっとふれておくことにしよう。一口でいえば灯台社でいう〝救い〟は〝贖い〟の概念と関連づけて考えられる。キリストが人類の罪を贖うために十字架にかけられたこと、つまりみずからを〝贖い〟のために提供したという救い主キリストの贖価の血を信ずることにつながる。

聖書における〝贖い〟には二義あって、一つは何らかの代価を支払って買い戻す意味であり、(注、レビ記二十六章四十八節に「その身を売りたる後に贖わるることを得」とある)いま一つは救いだす、自由にするという意味である。(注、ホセア書十三章十四節に「われ彼らを陰府《よみ》の手より贖わん、われ彼らを死より贖わん」とある。)すなわち、神の救いというのは、神が代価を支払って、この悪の世の奴隷状態にある人間を救いだし、自由を与え、完全に解放することであるが、人間の罪たるや、アダムの原罪以来、贖うにはきわめて大きな代価を必要とするのであって、それはなにものかの死を通じて初めて可能なほどのものである、したがって、必然的にアダムの罪に対する死の代価とは身替りのことを意味したが、そのことはまた、神が人間の罪を贖うために代価物たる身替りを用意されていることを意味している。この身替り、贖い主は際立って高価なものでなければならないし、また悪の敵を征服できるほどつよくもなければならない。

しかも、神エホバは未来においてまさにこのような贖い主のくるであろうことを、聖書を通じて指示している。人が各自与えられた聖書には、終末のときにイエス・キリストがその贖い主としての姿を再臨させることが預言してある。「聖書は汝をしてキリスト・イエスを信ずるによりて救いを得しめんために智恵を与うるものなり」(テモテ後書三章十五節)。人々の罪はただ神エホバの立てた救い主イエス・キリストの贖価の血を信ずることによってのみ救われるであろう。「われらその(イエスの)血により贖い即ち罪の赦免《ゆるし》を得るなり」(エペソ書一章七節)。同時に、神の恵みによってこの聖書中の預言を了知し、それを証するのがエホバの証者の使命にほかならない。

灯台社における〃神の救い〃とはおよそこのような内容をもつものであるが、この場合にも悪の世の行きづまりと滅亡・変革を意味する〃終末の時〃の概念をともなっている。村本が、それまで別段〝救い〟など待ち望んでいたわけではないのに、一読してつよい関心を抱くにいたったというのも、通俗的な救いの概念との内包の大きな差異にきづき、いまさらのようにキリストの贖いの意味を知らされたことにあったであろうし、そのことが若い村本を信教にうちこませる動機ともなったと思われる。

就職を捨てて灯台社のキリスト者に徹しようとした村本は、二・二六事件直後の一九三六年三月ごろから伝道を手伝うようになったが、戦争の危機は日増しに迫っていたとはいえ、中央を遠く離れた地方には、まだまだ素朴な人情ものこっていた。

最初の地方伝道の旅は、台湾伝道を開拓した大江頼一らとともに、一九三六年五月ごろ自転車で出発し、碓氷峠をこえて新潟に入り、梅雨のころ柏崎から親不知の落石のある海岸線を経て、富山県の三日市(黒部)や魚津の町に住みついて文書伝道をした。山間に野宿して野いちごも食べたし、民家で水一杯もらうことができても渇きの烈しい身にはうれしく、途中急性肺炎の病人が出たため村の寺に行って泊めてくれと頼むと、住職は「宗旨はちがうが、これも仏縁だ」といって快く泊めて看病を手伝い、文書も買ってくれたそうである。日本海の海岸の漁村ではあわびやさざえが安く買えたし、黒部にいたときは順三も巡回講演にきて、水瓜や真桑瓜をたくさんご馳走し、東京の本部にも送った。地方の産物を送ることが質素な本部員たちの生活の助けにもなっていたのである。文書は田舎のひとほどよく買ってくれた。泥まみれの山間や川原での野宿がつづいたり、木賃宿に泊ったりもしたが、すべてキリスト者としての実践だと思う村本には、貧窮に落ちたなどという意識はなかった。こうして飛騨高山から木曾川沿いに長野県の飯田、伊那でも文書伝道をし、寒い日本アルプス伝い赤石岳の山麓に達したときは柿や栗の季節になり、三国峠や小仏峠をこえて甲州街道沿いにようやく東京荻窪の本部に帰りついたのは、十二月の暮れのことであった。

この一年の伝道旅行の苦労で村本は身体がめっきり頑健になり、食物もなんでも食べるようになった。彼は地方へ出されるのはこういう経験をするための順三の配慮なのだと思った。二年目、一九三七年に年がかわると、村本はまた自転車に乗って横浜から三島、豊橋を経て、三重県の四日市や津に行き、尾鷲、木本周辺で一ヵ月、さらに新宮や串本にも住みついて文書伝道をし、聖書研究の会を開いた。とくに新宮は順三夫人の出身地でもあり、人情淳朴で、『黄金時代』などの機関紙も、もっとも大量に売れた。その後、春先に和歌山、神戸、姫路を経て、岡山県の津山に一ヵ月あまり住みつき、ついで鳥取から松江に行って、ここには半年ぐらいもいた。村本ら灯台社の三、四人のグループは宍道湖に近い民家の二階に下宿して伝道をしたが、同行した明石真人の話では、その家の若い娘がいっしょに潮干狩りに行って村本に淡い慕情を抱くようになり、毎晩のようにギターを鳴らしてきかせるといった青春の一刻もあったらしい。

ものがたい村本は、「キリスト者は、世を捨てたときこの身体も捨てたのだ。しかし、肉体を具えているかぎり、この世の旅路が終るまでは肉の苦しみを背負っている。どこまで罪なくして自分を守り通せるだろうか」と苦しみもしたようである。しかし、その年も無事に暮れて、順三が村本らを東京につれ帰り、翌年春には村本は北海道へ伝道に渡ることになった。

その間、一九三七年七月、日本の軍部による蘆溝橋事件をきっかけとする日華事変がはじまり、日本はついに抜きさしならぬ戦争の時代につっこんでいた。村本らはそのなかで神の国の福音を説き、民衆は平和を求めているのだと説きつづけていたわけであったが、一九三八年四月初旬、村本が函館に渡って伝道をはじめたとき、突然赤紙の召集令状が速達で回送されてきた。二十四歳の村本は、四年まえに規則による徴兵検査を受けて第一乙種となり、現役入隊を免れていたけれども、日華事変勃発以来、軍は大正期の軍縮で削減されていた師団の増設と兵力の補強・拡充に躍起となって、あいつぐ補充兵の召集を行なっていたので、その徴募にひっかかったのである。

赤紙は灯台社経由で回送されてきていて、熊本の部隊への入隊期日は迫っていた。村本は急拠函館を発って東京の灯台社にたち寄った。聖書の教えに忠実たらんとつとめていた彼の脳裡には、無論「殺すなかれ」の戒めは染みこんでいたであろうが、応召そのものを拒んで、そのときすぐに兵役拒否をしようという考えが浮かんだわけではなかった。念のためにいい添えると、召集を受けた村本に対して、明石順三も兵役拒否をせよなどとは一言もいわなかった。同時にまた、あらたまって元気にやってこいとか、エホバの証者として恥ずかしからぬよう行動せよとか、そうした激励めいたことも一切いわなかった。(当時民間一般には応召者の壮行会や見送りをする風習があったが、灯台社ではそんな習慣はまったく無視し、後に軍需品や軍隊慰問品の供出を迫られたとき、はっきりと拒んだ。)順三があまりになにごともないふうなので、村本も、どこにいてもキリスト者として生きる道はおなじなので、師も召集されたことについてはことさら何もいわないのであろうと解釈して、郷里に向かった。

四月十日、村本は熊本市の六師団歩兵十三連隊に入隊した。この熊本十三連隊は、明治以来の官兵意識もつよく、満州の関東軍の供給源として、全国的にいわゆる蛮勇のきこえ高い部隊であった。それでなくても旧軍隊は閉ざされた社会で、世間の俗悪な面は陰湿に内在させつつ、天皇の軍隊の名のもとに理由なき上級者の残酷な私刑《リンチ》が絶えずほしいままに行なわれたところである。その辺は戦後多く発表された学徒兵や農民などによる戦時下軍隊における初年兵あるいは内務班の悲痛な体験記録類を想起されれば察しられるであろうが、理非曲直の判断や制裁の実力行使はつねに上官及び上級者の恣意にまかせられ、将校は下士官を殴り、下士官は兵を殴り、兵のなかでも上等兵は二年兵(一等兵)や初年兵(二等兵)を殴り、一等兵は初年兵を殴るというぐあいで、最下級の初年兵の人権などもとより認められるどころではなかった。このことは、平時である昭和三年度における陸軍の統計においてさえも、全国の師団内で三十七人の下士官と兵が自殺しており、そのうち二十九名までが一、二等兵で、ほとんどが軍隊生活の苦痛や圧制から免れるためついにみずから生命を絶ったという数字がのこされていることからもわかるであろう。（昭和五年度版『陸軍年報』。『みすず』六六号、菊池邦作報告による。）

とりわけ村本の徴集されたのは日本有数の獰猛な部隊で、野戦あがりの古兵も多く、しかも村本らは補充兵であるため、彼らのあとには初年兵も入ってこない。一方的に上級者の命令のみ受ける立場におかれて、日常の制裁のすさまじさなど想像を絶するものがあったようである。足腰が立たなくなるほど殴られ、蹴られするのは茶飯事で、毎晩のように内務班で初年兵の頭の上に上等兵や一等兵の鉄鋲を打った上靴の底が唸り、士気の弛みがみえるといって初年兵同士向きあって立たされ顔形が変わり血を流すまで殴りあわされる。「軍隊は地獄だ、人間の住むところではない、初年兵にいたっては奴隷以下だ」と村本は思い、ある朝は洗面直後に、自分の顔を洗って馬の顔を洗う時間がないのかと古兵に難癖を付けられ、無理やり馬の手入れをさせられながら、「いっそ馬になりたい」と願ったこともあったという。

しかし、村本はこうしたなかでどちらかといえば黙々と勤勉な初年兵として終始していた。苦しみの軍隊生活に入って、最初彼の念頭にあったのは、「小事に忠なるものは大事にも忠なり」（ルカ伝十六章十節）の聖書の教えで、兵の奴隷的な勤めも果たすことがキリスト者としての良心を守ることにつながるのではないか、といった倫理的な観念に支配されていたようである。だが、彼は、まもなく将校たるべき幹部候補生の志願をすすめられたのをことわったばかりか、いま一つ軍隊内ではだれも真似ができなかったと思われる、ある拒否行為も実行していた。というのは、軍隊の最高の大元帥でもあった天皇の住居のある東方を向いて〝皇居遙拝〟の最敬礼が行なわれるさい、村本のみは絶対にその礼をしなかったのである。灯台社の教理では偶像の礼拝を禁じており、また神はエホバのみであって、天皇は人間の一人であるにすぎない。村本の行為はそういう灯台社の教義の基本を忠実に守って実践されたことである。

しかしながら、当時の軍隊という環境を考えるとき、ましてそれが〝天皇の軍隊〟であったことを考えるとき、もっとも忠誠が誓われなければならない〝上御一人〟天皇に対する敬礼を拒否するというのは、このうえない抗命行為のひとつで、それでなくても理由もなしに制裁に明け暮れた軍隊内で、明らかに軍規に背くこの行為に対して、どれほど過酷な刑が待ち受けていたにちがいないと想像されもしよう。ところが、実際は、これについては一度の制裁もなしにすぎた。上官以下の全員が最敬礼中の出来事であるためきづかれなかったのか？　いや、そんなはずはない。後に、村本が兵役拒否をしたさいの軍法会議の判決文記録をみると、彼が満州の部隊に編入された後も宮城遙拝を拒否し、そのため伍長の一人が列外に彼を呼んで注意した旨の記載がある。行為はきづかれていたにもかかわらず、この通り制裁らしい制裁はくわえられなかったとみるべきである。村本自身いまだに理由はわからないと語っているし、信じられないようであるが、事実はこのとおりであった。極論すれば、庶民出身の下士官や上等兵などの古兵たちは、あくまで自己の感情、気分によって私刑をくわえていたのであって、天皇に対する欠礼行為などはいかに軍規の立前があろうとみずからは痛痒を感ぜず、したがって実感としての怒りもぶつける気持にならなかったということであろうか。あるいはまた、後に兵役拒否行為の実践されたさいの上官、同僚の反応にもみられたように、当時の国情からみてよほどの勇気をともなわなければ実行できない天皇に対するこの種の〝不敬行為〟に対し、すでに畏怖を感じていたということでもあろうか。いずれにせよ、これは旧軍隊での懲罰がいかに恣意的な、杜撰な面をもっていたかを示す事実でもある。

入隊後三カ月目の七月下旬、村本らの補充兵部隊は満州に送られ、ハイラルの関東軍守備隊の第二十三師団に編入された。（注、この部隊は一年足らず後にノモンハンの日ソ衝突の戦闘に遭遇して、ほとんど全滅することになる。）ハイラルは大興安嶺の裾野に広がる要塞地帯の中心となる要衝で、村本は通信隊にくわえられて、馬に器械を載せた荷車をひかせて、ホロンバイル高原の草原をまじえた沙漠地帯のトーチカなどに無線機器を敷設して歩いた。何カ月も考えることを禁じられ、非人間的な肉体の訓練にのみ明け暮れた結果、そのころには、思考力は次第に減退し、いやおうなしに兵士の一人に変貌して行く自分を、村本も感じずにはいられなかった。

そのうえ、満州の自然は、ハイラル郊外のイビン河など河川が氾濫して湖沼のようになる夏季がすぎると、九月末には急激に冬のまえぶれが訪れ、十一月、十二月には零下二十度、三十度の、帯剣さえも凍って折れるような、想像しがたい厳寒が襲って、凍傷の危険も迫る。あらあらしい自然のなかで重い防寒具や装備をつけて演習に追いたてられると、なにを考える余力もなくなる。それに、満州の部隊は内地軍隊にもまさる地獄の様相を呈していた。要塞地帯なのでスパイ名儀で中国人、満州人などがたえず捕虜になり、拷問を受け、民衆のまえで処刑される。旧ロシア支配の時代には、満州住民から物資を入手するさいにはむろん必ず代価が支払われたものが、日本軍は略奪同様に物資を調達して代価も支払わず、満州人民衆の怨嗟の的になっていた。しかも、日本軍は民衆の声を圧殺し、ただ同然に集めた物資を独占して王者のごとく気ままに振舞い、将官が贅を尽すのはもとより、兵士でさえも兵営内の食事で、内地では高価だったエビのフライなど一度に一人何十匹でも食べられるという度外れの飽食をし、ひたすら動物的に馴らされるありさまである。そのおなじ兵営の片隅に住む日本の傀儡軍であった満州国軍の満人兵士は、給与も格段に悪く、みすぼらしい軍衣をまとい、高粱食でみじめに痩せ細っていた。そうした差別をはじめ、あらゆる植民地支配の悪がそこにはあった。あまりに信仰からかけ離れた日常に住むことが村本には恐ろしく、神の意志に反するという悩みも次第に高じた。

ところが、その年の十二月末、彼は隊の命令で神奈川県相模原淵野辺の陸軍工科学校へ派遣されることになった。陸軍工科学校というのは、主に工業学校出の兵を短期に技術下士官に養成する機関で、当時一等兵の村本は三カ月後伍長になって満州の原隊に帰ることになるはずであったが、この派遣によって、村本ははからずも信仰の原点灯台社の近くに戻る機会を与えられたのであった。

十二月末朝鮮鉄道経由で厳寒の満州から帰国して、淵野辺の工科学校の部隊に編入された彼は、翌一九三九年(昭和十四年)一月、最初の外出日を待ちかねたように荻窪の灯台社を訪れた。久方ぶりの再会を明石順三も喜んだ様子だったが、彼はそのとき「満州までお前に会いに行こうかと思っていたところだった」といった。村本はハッとした。なにげない言葉だったが村本にはひどくこたえた。順三は、彼が軍隊からだした葉書の文面に、戦争や軍隊のなんたるかを批判する力も薄れ、かんじんの信仰からも遠ざかりつつある日常を看取して、たまりかねていたのにちがいない、ときづいたからである。

帰営した後も、肺腑を衝いた順三の一言は村本の脳裡を去らず、キリスト者としてなすべきことを具体的にはなにもしないできた軍隊での日々がいまさらのように忌まわしく思い返され、自分はほんとうはここで何をなすべきだったのだろう、と一人煩悶した。

そうして、二週間あまりを経たある日、こんどはまた思いがけず、灯台社で文献翻訳の仕事をつづけていた斎藤光が面会にきた。京大工科を中退した斎藤は村本より三つ年長だったが、面会所でそっとこう伝えた。

「真人もこの間入隊したが、彼は銃器の返上をしたぞ、兵役拒否をやってのけたぞ」

――村本はそれをきいたとき虚をつかれた気がした。明石順三の長男真人は、彼よりずっとあとに入隊しながら、銃器返納というはっきりとした拒否の行為を実践することで、一歩先んじたのである。村本はいまこそ良心の指示をきいたように思った。もはや自分のえらぶべき道もきまった、ためらっている場合ではない、そうも思った。

### 明石真人の兵役拒否

ここで、明石真人の兵役拒否はいったいどのようにしてなされたかを述べることにしよう。順三の長男真人(一九一七―)は、村本の入隊から九カ月後の一九三九年(昭和十四年)一月十日、東京世田谷三宿の野砲第一連隊に二十歳で現役入隊した。

彼は、まえにもすこしふれたように、二人の弟力(一九二〇―一九四四)光雄(一九二二―)とともに、先に帰国した父にひきとられ、神戸の時計商後藤亮方に預けられたが、灯台社の東京移転にともなって上京し、荻窪の家で灯台社の本部員たちと共同生活をしながら、順三、静栄の両親のもとに育った。そして、小学校を卒業すると、早くから灯台社の実践活動にくわわって、一九三三年の第一次弾圧で藤枝の伝道先で逮捕されたときには、まだ十五歳の少年だったのである。そういうわけで、真人の場合には、弟たちも含めて、ほとんど物心つくころから灯台社の教理を自然と身につけていたものと思われる。

そのことは、すでに彼らが小学校在学中にも実践面にあらわされ、末弟光雄(現在印刷業)の語ったところによると、真人以下三人の兄弟が、ともに荻窪の桃井第二小学校に在学した時期(一九二九年ごろ)、三人そろって国旗に対する敬礼を拒んで、そのため運動場の壇のよこに兄弟が立たされて、全校生のまえで校長に叱られるというようなことがあった由である。また、当時の天長節(四月二十九日、天皇誕生日)や明治節(十一月三日、明治天皇の誕生日)などの祝祭日にも三人の兄弟はそろって休み、学校の式典に出席しなかった。いずれも偶像礼拝の行事で、それに参加することは聖書の真理に反すると考えてのことであった。しかし光雄の話では、国旗敬礼拒否も、祝祭日の登校拒否も、決して父順三に強制されてしたのではなく、子ども心に偶像礼拝はいけないはずだと思って、自分なりの信仰によってそのようにしたのだそうである。(注、後に灯台社の第二次検挙後の公判で、裁判長が順三に、真人らの小学校時代のこれらの拒否行為について尋ねたのに対し、順三も自分が指示したわけではなかったとこたえている)

また、真人ら三人の兄弟は小学校を出ただけで上級学校には行かずに灯台社の実践活動に入ったが、それも順三の強制によってそうしたのではない。真人や光雄の話をきくと、順三は「上級学校へ進みたいなら行かせてあげるよ」といっていたそうであるが、子どもたち自身の考えで進学はやめたという。その理由は兄弟に共通して、現在の悪の体制による学校教育を受けても所詮悪の体制の奉仕者になり終る人間に育てられるだけだ、ということであった。それはまた順三自身の考え方でもあって、つまり兄弟は父親の考えを自然に自分のものにして、子どもの時分から行動に示していたわけである。

まえもっていえば、真人の入隊後まもなく行なわれた兵役拒否の実践も、その発想なり経過なりの過程をみるとき、以上のような幼少時代からの行動に似かよって、いつしかみずからのものとしていた灯台社の教理が、率直に、もの怖じすることなく、なんのためらいもなく外に向かって表示された印象がつよい。

明石真人が入隊することになったとき、順三は村本の応召に際してそうであったように、長男に対しても兵役拒否をせよとか、キリスト者として恥じないよう振舞えとか、そんなことはなにもいわなかった。しかし、真人はいよいよ連隊で軍服に着換えて、早々に銃器を貸与され、それをもって軍事教練を受けるときになって、これは自分が幼時から唯一の真理としてきた聖書の言葉「なんじ殺すなかれ」に反する行為だと、すぐにきがついた。銃は殺しの道具であり、それをもってする訓練は殺しの訓練である、殺すことは聖書によって禁じられている、したがって銃をもつことはできない、と彼はきわめて単純明快にそう思った。その場合、彼は村本のように与えられた義務は大事のまえの小事として果すべきではないか、といった倫理観にもとらわれず、あれこれ考えあぐむこともなしに、聖書の真理に忠実ならんとする自分のきまりに反するという理由だけで、兵器返納の意志を表明することにきめたのだった。

入隊後一週間目の夕方、真人は内務班長の軍曹のところへ行き、

「自分はキリスト者として聖書の〝なんじ殺すなかれ〟の教えを守りたいので、銃器をお返しします」

と申しでた。そのころの大部分の国民の常識では、戦時下の帝国軍隊で銃をもつことを拒みなどすればそれこそ大変なことで、死ぬほどの拷問・懲罰を受けるか、戦場なら銃殺にもなりかねない、といった、報復を予測しての恐怖感が先に立ったと思われるが(そのような自己規制的恐怖感こそ、もともと権力が長年にわたって吹込んだ幻覚の所産にすぎなかったのだが)、真人にはそうした先入観もまったくなかった。ただ、自分の考え方として当然のことを上官にことわりに行くぐらいの、いっそあたりまえの気持でさえあった。軍当局がどのように受け取るかを顧慮することなど念頭になかった。

事実、その際ショックを受けたのは、真人の申し出をきいた内務班長のほうで、彼は顔色を変え、狼狽のようすをありありとみせて返事もできず、ただちに真人をともなって中隊長にそ

のことを報告に行き、処置を仰ごうとした。中隊長の大尉も、すぐに真人を叱責するような態度にはでず、奇妙に静かな態度で班長の報告を受けて、「日本にもそんなことをいうのがいるか」と呟いたそうである。中隊長は、あるいは欧米のクェーカー教徒などの良心的兵役拒否者conscientious objectorのことをきき知っていたのかもしれない。そして、真人に対し、なぜ銃を返納するなどといったのか、とあらためてたずね、彼が灯台社というキリスト者集団の一人で、すぐには翻意しそうもないのを知ると、「よし、お前は明日から演習や訓練に出なくていい。きょうは内務班へ帰れ」と申しわたし、翌日営倉入りの処分に付した。

営倉入りに先立って、内務班で班長の軍曹が真人をつれて、明石初年兵は銃器返上を申しでたので営倉に入れられると報告すると、兵隊たちはそれを放心したように無表情にきいたが、なかに「スタンドプレーだ」と批評したのがいた。真人が後に転向したのを思いあわせると、その行為にある底の浅さを感じとっていたかのようにもきこえるが、この場合はそこまでの意味はなくて、むしろ銃器返上を申しでるというのはなみなみならぬ勇気と決断を要する、崇高ささえ含んだ行為だと直感した兵隊の、およびもつかぬことを実践した真人に対する嫉妬羨望の気持の裏返しの表現とでもみるべきであろうか。いずれにしても東京の山の手の連隊では、兵役拒否という当時稀な反軍の行為に対し、このように比較的静かな反応を示したということは一つ注目に値する事実で、真人は営倉入りするまで、とくに暴行も受けずにすんだのである。

もっとも、営倉入りした直後に、大隊長の呼び出しを受けて大隊本部へ出頭すると、事務所にいあわせた本部付きの大尉か中尉の一人が、真人をみるなり「お前のようなやつがいるとはクリスチャンの面汚しだ」と怒鳴って、椅子をふりあげて打ってかかった。ほかの将校が間に入ってとめたが、その将校はカトリックのクリスチャンだった。カトリックからみれば異端のキリスト者である真人の兵役拒否によって、おなじクリスチャンということで自分までがそうした思想の持主にみられるのを避けるために、大隊本部の同僚の目を充分に意識して、示威的に暴力沙汰にでようとしたのかもしれない。

隊内で暴行を受けかけたのはこのときだけで、あとは営倉に入れられてからもなぐられたりすることはなかった。営倉は営門の横の衛兵詰所とおなじ棟にあり、衛兵のベッドと板壁一枚を隔てた房に真人は入れられたが、毛布も下二枚上三枚があてがわれ、三度の食事も内務班から他の兵と同じものを運んできてくれるし、ときどき衛兵の非番のものが、茶を飲むか、などと声をかけてくれたそうで、むしろ訓練にでる必要もないだけに身体は楽なぐらいであった。

一方、中隊長は営倉入りした真人を何度か隊長室に呼び、彼からワッチタワーの沿革などについてもしきりにききながら、いかにも諄々とさとすふうにして〝親心〟を示しながら考えなおすよう説得をくりかえした。何回目かの夜のごときは、真人を隊長室に呼んだあと、暗い営庭を監視兵もつけずに真人をひとりで衛兵所横の営倉まで帰らせたりしている。そのとき、真人はとぼとぼと無人の営庭を横切りながら、あたりは暗く、だれの姿もみえないので、柵を越えて脱走することなどかんたんにできる、こういう状況に自分を監視なしで放り出すとは隊長もよほどこちらを人間的に信頼してくれているのだなど、ちょっと申しわけないような気持がしたそうである。真人はそういう受け取り方をしたが、実は中隊長にしてみれば、そうやって温情を示すことで彼の翻意をはかっていたのかもしれない。事実最初からの静かな対応の仕方といい、できれば兵役拒否を撤回させ、かつはなるべく隊の内部で事件を処理して、中隊および連隊として不名誉な記録をのこすまいと腐心したようすがみうけられる。

が、けっきょく真人が銃器返上の申し出を変えないのを知ると、連隊は処置を憲兵隊に一任し、彼は渋谷の憲兵隊分所に拘引された。しかし、そこでも、死ぬか生きるかの言語に絶する恐怖の拷問などの目に遭ったかといえば、そうではなかった、と真人はいう。ひとつには、彼はみずから銃器返上の主張をしたことを認め、それは信教のためであるとして、事由はきわめて明白で、自白強要の必要もなかったからであろう。さらにいえば、この一九三九年の時点では、憲兵もまた〝不敬・抗命〟の罪状をもつ真人に対して、〝天皇に対して不忠の行為〟などといって暴行をくわえることはなく、それなりに合理的な調べ方をしていたこともわかる。

取調べ中一度、真人が聖書の「なんじ殺すなかれ」の教えについて話しているとき、担当の憲兵曹長は突然腰のケースからピストルを抜きだして安全装置を外し、引金に手をかけて銃口を彼の胸もとに擬し、「殺されてもいいのか」と怒鳴った。真人もさすがに驚いたが、落着いて「殺されても、殺しません」とこたえると、憲兵はいくらか間が悪そうにして「日本兵もみんなそうなれば強いものだ」ととってつけたようにいって、ピストルを机のうえにおいた。憲兵の手は震えていた。

憲兵は、天皇制をどう考えるかについてもとくに訊問した。天皇を神と思うか、という問に、真人は「人間である」とこたえた。さらに天皇を否定するのか、ときかれて、天皇は日本の主権者としては認めるが神とは認めない、という意味のこたえをしたそうである。ちなみに、こうした取調べの結果を憲兵がどのようにまとめたかを知る手がかりとして、当時の官憲側秘密資料『昭和十六年中に於ける社会運動の状況』(一九四二年十二月、内務省警保局)に、真人の軍隊内兵役拒否についての記述がなされているので、引用しておこう。

「(明石真人は)上官に対し、〃宮城遙拝、御真影奉拝のごとき偶像礼拝行為は絶対に為し能わざる〃旨、および〃天皇は神エホバに依り造られたる被造物にして、現在は悪魔サタンの支配下にある地上的一機関に過ぎざるが故に、天皇を尊崇し、天皇に対し忠節を誓う等の意志毛頭なき〃旨の不敬言辞を弄し、さらに上官より馬術教練に出場すべき旨、命令を受くるも、〃馬術は戦闘行為の演練にして、右命令に従うことは、取りも直さず神の教旨に背叛することとなる故、絶対其の命令に服することを得ざる〃旨、抗言する等の所為を敢行したるため、直ちに憲兵隊当局の取調を受け(以下略)」

真人が実際に隊内で上官に申しでたのは、聖書の教えにもとるから銃をかえしたい、ということだけで、官憲側の叙述は、あくまで憲兵の取調べの過程で調書に記載されたものの転記にすぎないが、真人はまもなく憲兵の調書にもとづいて不敬・抗命の罪名で起訴され、その年六月十四日、東京青山の第一師団におけるただ一回の軍法会議の裁判で、懲役三年の刑を受け、代々木の陸軍刑務所(衛戍監獄)に収監されることになった。

## 村本一生の兵役拒否

村本一生の兵役拒否は、明石真人の場合にくらべて、はるかに長い初年兵生活の苦しみの体験の後、より多くの内面的な悩みの果てに実践に移されたのであった。

彼が、面会にきた斎藤光から真人の銃器返上についてきかされたのは、一月中旬真人がそれを実践した直後のことだったわけであるが、村本はそのことも決定的なきっかけとなって、自己の良心を行為に示す決心をした。彼は斎藤が面会にきたその日(一九三九年一月二十三日と推定される)、夜に入ってから、ひとり内務班を抜けだして、淵野辺の兵舎の低いコンクリートの土台に灌木の植込みのある柵をこえて、いわゆる〝脱柵〟(脱走)をはかった。真人が兵器を拒否したのに対して、村本はもはや一刻も神の意に添わぬ軍隊の環境のなかにいるべきではない、いちはやくそこを脱出しなければならぬ、と思いつめたのである。

そして、彼は部隊関係者や衛兵にもみつからずに脱柵に成功し、夜の相模原の原野を歩き、横浜線の淵野辺駅から電車で八王子にでて、中央線に乗り換えて荻窪の灯台社にいそいだ。脱走後約二時間して、九時ごろに村本は張りつめた気持で灯台社の玄関に立った。すぐにあらわれた明石順三に向かって、村本は習慣になっていた軍隊口調で「脱柵してまいりました」といった。ときならぬ時刻に訪れ、丸腰で帯剣もつけずに土間に立ちつくしている村本を一目みて、順三もすぐに脱走と察したらしかった。だが、彼は黙ったまま村本をみつめていた。

「軍隊づとめはやめて、ここにいます」

村本はかさねていった。順三はわかったというふうにうなずいたが、やがて口を開いて、「しかし、よく考えてごらん。ここにいても、脱走したのがわかったら、憲兵隊の連中がすぐに追っかけてくる。つかまるのは目にみえている。それよりは、いっそいまから隊に帰りなさい」と諭すようにした。村本はそれをきいて呆然となった。いわれてみるとそのとおりであるけれども、彼にしてみれば思いつめに思いつめて、たいへんな決心をして、ようやくの思いで脱走を敢行したのである。それなのにいまさら兵営に帰るという気にはなれない。帰って行けばそこには地獄が待っている。恐ろしくもある。

「帰ったほうがいい、帰りなさい」順三は促した。しかし、村本はなかなか帰るふんぎりがつかない。思わず「勇気がいるなあ」というと、順三は即座に「そうだよ、それがほんとうの勇気だよ」といった。村本は師の言葉にしたがうほかなかった。

彼は力なくふたたび荻窪の駅から電車に乗り、最終の横浜線で淵野辺に戻り、夜更けて工科学校の兵営に辿りついた。そして、厳しい制裁を覚悟して、恐る恐る衛門のまえに立つと、衛兵の知らせで班長や小隊長が駆けつけてきて、彼に制裁をくわえるより先に「よかった」「よかった」と口々にいった。(注、ここでも、脱走兵の記録を残さずにすんだという軍隊側の安堵の姿勢がみられる。)「憲兵隊に知らせようか、どうしようかと協議していたところだった」と班長はいった。村本はそれで、順三のいうとおりにしてよかったと思った。

その〝脱走未遂〟のかどで、村本はけっきょく軽営倉三日の処分になった。人事係下士官の手で調べられただけで、憲兵隊には事件は通報されず、隊の記録にものこされなかった。だが、村本の気持はそれですんだのではなく、営倉に独居・拘禁されている間も、脱柵しないとすればいかにすべきを考えつづけた。自分の心もつきつめるべく、内心にさまざまに問いかけてもみた。しかし、キリスト者として、ふたたび銃はとるまい、殺人のための訓練は受けまい、戦場に駆りだされて殺人に追いやられる戦争には参加すまいという気持の核心は固く、動かなかった。もし、その決心を通すために、軍隊内で迫害に身をさらすことになったら? いやキリスト者がキリストの言葉を信じて行動することによって迫害をこうむることになっても、むしろそれは本望ではないか、そう思うと彼の意志もはっきりと定まった。もはや軍隊内で実践すべき事柄はただ一つである。銃の拒否、兵役そのものの拒否――。

それまでは、彼としてはやはり迫害を恐れていたのだった。だが、迫害を受けるのはむしろ本望だときづいたとき、恐れもなくなった。三日目に営倉から釈放されて内務班に戻った村本には、早速銃の手入れの仕事が待っていた。が、彼は手入れをすることをやめて、午後その銃をもって班長室に行き、「私の銃はおかえしします」と申告した。兵役拒否の意思をはじめて明らかにしたのである。村本はその申告をしながら、心のどこかでふと「自分もこれでおしまいかな」と思った。いよいよ迫害がくるのか、殺されるぐらいの目にも遭わされるかもしれない、と覚悟をしていたのである。

ところが、村本の申し出をきくと、実際には班長のほうが恐怖に包まれたように真青になり、怯えた目でおし黙って村本の表情をうかがった。村本はかさねて、軍事教練もこんごは受けることはできない、と述べた。全面的な兵役拒否の申告に、班長はますます度を失い、返答に窮して小隊長に報告に行った。小隊長も困惑しきって処置に苦しむふうで、隊の記録から消しはしたものの村本は脱柵もしているし、もはや手のほどこしようもないと判断したのか、申し出を撤回させるための説得もしようとせず、とりあえず営倉に差し戻しの処分を決めた。

そして、ここでも、翌朝営倉から一度出された村本を班長がひきまわしのようにつれて内務班に行き、おりから学科に集まろうとしていた兵士たちに、「村本一等兵は銃の返納を申し出て軍務を放棄したので営倉へ送られる」と伝達した。すると、それをきかされた瞬間、工科学校の講堂のような二階の空間に雑居していた二百人あまりの内務班の兵は、一斉に電撃に打たれたように立ちあがり、しーんと静まりかえって硬直した表情で村本をみた。一言も発するものはいなかった。

兵隊たちが、まえの明石真人の場合とはいくぶん違う反応を示したのは、工科学校部隊は全国から派遣された下士官候補生の寄合世帯であったことと、平常はむしろ勤勉な模範的な兵とみられていた寡黙な村本の、切羽詰まった気迫が重い印象を与えたからかもしれない。同時に、村本の示した行為が思想と信仰にもとづくきわめて強固な信念によるものであることに、知らず知らずのうちに畏怖を感じてもいたのであろう。いずれにせよ、上官たちの反応といい、恐怖はおしなべて体制の側にあったのである。

翌日(一月二十九日)午前、隊から通報を受けた憲兵隊から二人の憲兵が村本の身柄をひき取りにきた。いよいよ受難ははじまったのである。村本は丸腰に手錠をかけられ、電車で東京大塚の憲兵隊分所へ連行された。その途中、山手線の電車でたまたま赤子を抱いた灯台社の女性伝道者の一人と乗りあわせ、相手は気がつかなかったが、村本は手錠をはめられている自分の姿を誇らしく思いさえした。兵役を拒否し得た自分は、もう灯台社のだれに会っても、いやどこのだれに会っても、恥じることはない。良心にもとづいてなすべきことをしたという安心感と、いままでの軍隊生活でわりきれなかった気持からの解放感が、彼をひたしはじめていた。

憲兵隊での毎日の取調べには曹長と下士の二人一組の憲兵があたり、一人が脅せば一人は賺《す》かすという警察流のやりかたで、取調べ中殴られはしたが、その段階で極端な虐待を受けたということはなかった。冬の季節であったが、留置場では毛布は上四枚、下三枚が与えられ、寒さはしのげないほどではなく、食事も内務班のそれとほとんどかわらなかった。営倉、憲兵隊の留置場、軍刑務所を通じて、服役中といえども兵である以上はつねに戦闘に耐える状態に保っておく意味あいからか、食事その他の待遇は、後に体験しなければならなかった民間の警察や刑務所での虐遇にくらべれば、耐えられないほどひどくはなかった、と村本は話している。

取調べ中、憲兵がしきりに気にしたのは、「ほかの兵隊に兵役拒否について話さなかったか」ということであった。村本自身のキリスト教信仰は堅く、その立場は崩しがたいとしても、彼の立場や思想が軍隊内で伝播することを、体制側はもっとも恐れていたのであろう。村本は、しかし、あくまで自分の問題としてキリスト者の良心にもとづいて行動しただけで、運動としてやっているのではないとくりかえしたので、憲兵もその問題については尋ねなくなった。

「兵隊がみなお前みたいなクリスチャンになって銃をかえしたら、戦争に負けるじゃないか」という憲兵もいた。村本はそれに対して、兵士の全員が信仰によって兵役拒否をするようならばそもそも戦争そのものがおこらないであろうし、現在の悪の体制下の世では全員がそういう信仰に生きる可能性も考えがたいので、その問には返事のしようがありません、と答えた。

村本の場合も、事実については一切否認しないし、またその行為の理由づけもきわめて明確なので、調べはかんたんに終るわけであったが、彼が銃器・軍事教練拒否の立場をいささかもかえないのに怒ったある憲兵は、拷問具を入れた部屋に彼をつれて行き、「いい加減にしないとこれで締めつけるぞ」と、全身を締めあげれば肋骨が全部折れてしまうという皮の狭窄衣のような拷問具を示して脅したりもした。

村本はまもなく憲兵隊の留置場から陸軍刑務所に移され、未決囚として拘置された。やはり他の兵隊なり服役兵なりへの思想的影響を恐れたのか、つねに独房住まいであった。彼は、小伝馬町の牢をそのまま移して造ったという陸軍刑務所の木格子で仕切られた独房で、入隊まえにもまして純粋に信教に生きる充実感さえも味わっていた。こんご迫害がつづくだろうが、どこまでも耐えて行こうという張りつめた気持も失わなかった。

不敬・抗命罪で起訴された村本は、真人と同日の一九三九年六月十四日、場所もおなじ青山の第一師団の、べつの軍法会議法廷で、懲役二年の判決を受けたが、司法省刑事局部内の極秘資料『思想月報』六十六号(一九三九年十二月)に、後に村本一生が陸軍刑務所で書いた獄中手記とともに、その軍法会議の判決全文が記録されている。灯台社関係の軍隊内兵役拒否は、明石真人のほかに四国の善通寺師団管内で三浦忠治も実践した記録がのこっているが、明石真人や三浦に対する軍法会議記録は発掘されていないので、当時の軍部が最終的に兵役拒否者をいかに処断したかを知る唯一の貴重な資料として、この村本に対する軍法会議判決の全文をつぎに紹介しておこう。

判決

第二十三師団通信隊
補充兵役陸軍歩兵一等兵　村本一生

右ノ者ニ対スル不敬抗命被告事件ニ付当軍法会議ハ検察官職務取扱陸軍法務官試補小林清春関与審理ヲ遂ゲ判決スルコト左ノ如シ

主文

被告人村本一生ヲ懲役二年ニ処ス

理由

被告人ハ熊本県立熊本中学校第五高等学校ヲ経テ昭和八年四月東京工業大学ニ入学シタルガ偶々在学中明石順三ノ主宰スル灯台社日本支部ノ発行ニ係ル同社機関紙「黄金時代」ヲ閲読ス

ルヤ俄然聖書ニ対スル同社独自ノ解明ニ興味ヲ覚エ昭和十一年三月同大学染料化学科ヲ卒業スルト共ニ前記明石順三方ニ寄食シ親シク同人ヨリ薫陶ヲ受クルニ及ビ神「エホバ」ハ宇宙ノ創造者ニシテ全智全能絶対唯一ノ神ナルコト神以外ノモノニ対シテハ絶対礼拝セザルコト現国家組織ハ悪魔「サタン」ノ建設ニ係ルモノニシテ近キ将来神「エホバ」ガ基督ヲ通ジテ建設スル神ノ国ノ出現ト共ニ必然的ニ壊滅スベキ運命ニアルモノナリトノ信念ヲ固クシ同社ノ事業ニ参加スベク之ニ入社シ文書伝道員トシテ日本内地各所ヲ巡回シ同支部発行ノ前記「黄金時代」其ノ他ノ小冊子ヲ発売頒布シ同社教説ノ普及宣伝ニ努メ居タル中同十三年四月十日臨時召集ヲ受ケ歩兵第十三聯隊補充隊ニ入隊シ次デ肩書所属部隊ニ編入セラレ同十四年一月十日技術下士官要員トシテ同部隊ヨリ陸軍工科学校ニ分遣ヲ命ゼラレ同年二月十三日所属部隊ニ復帰シタルモノナルガ

第一、所属部隊ニ従イ満州国海拉爾ニ駐留中ノ同十三年七月頃ヨリ同十四年一月上旬頃ニ至ル迄毎日点呼ノ際同部隊ニ於テ実施シタル宮城遥拝ノ都度偶像礼拝ハ神「エホバ」ノ教旨ニ背叛スルモノナリトノ理由ヨリシテ之ガ遥拝ヲ為サズ以テ天皇ノ尊厳ヲ冒瀆シ

第二(一)同十四年一月二十七日午前十一時三十分頃陸軍工科学校淵野辺分校表門ニ於テ所属上官タル同校第七中隊長歩兵少佐岡村好次ヨリ本日午後二時ヨリ支給兵器ノ手入ヲ実施シ区隊長ノ検査ヲ受クベキ旨ノ命令ヲ口達セラレタルニ拘ラズ同日午後三時三十分頃手入未了ノ兵器其ノ

他ノ支給品ヲ区隊長ノ許ニ持参返納シ同官ニ対シ軍事教練ハ流血行為ノ演練ニシテ神「エホバ」ノ厳禁スルトコロナレバ右命令ヲ服行スルヲ得ザル旨抗言シ
㈡同月二十八日午前八時三十分頃所属内務班ニ於テ所属上官タル同小隊長砲兵少尉間瀬洵ヨリ学科教育ヲ開始スルニ付直ニ講堂ニ出場スベキ旨ノ命令ヲ口達セラレタルニ拘ラズ即時同官ニ対シ㈠記載ノ如キ抗言ヲ為シ
以テ孰レモ上官ノ命令ニ服従セザリシモノナリ
而シテ被告人ノ右不敬ノ各所為並抗命ノ各所為ハ夫々犯意継続ニ係ルモノナリ
証拠ヲ按ズルニ判示事実中犯意継続ノ点ヲ除キ其ノ他ハ
一、被告人ノ当公廷ニ於ケル判示同旨ノ供述
一、陸軍司法警察官ノ第二十三師団通信隊付歩兵伍長富永進ニ対スル聴取書中同人ノ供述トシテ昭和十三年十月頃日不詳所属部隊ニ於テ行ワレタル宮城遙拝ノ際村本一等兵ノミ頭ヲ下ゲザリシヲ発見シタルヲ以テ同人ヲ物陰ニ呼寄セ其ノ理由ヲ訊ネタルガ黙シテ返答ヲ為サザリシ故今後斯ル不敬ノ行為ヲ繰返サザル様懇ニ注意ヲ与エタル旨ノ記載
一、岡村好次ノ作成提出ニ係ル被告事件ニ関スル件回答ト題スル書面中昭和十四年一月二十七日午前十一時三十分頃陸軍工科学校淵野辺分校表門付近ニ於テ被告人ニ対シ判示第二㈠記載

ノ如キ命令ヲ口達シタルガ後刻区隊長増野少尉ヨリ被告人ハ同日午後三時三十分頃手入未了ノ儘ノ兵器ヲ同区隊長ノ許ニ持参シ信仰上ノ理由ヨリシテ右命令ヲ服行スルコトヲ得ザルニ付兵器ヲ返納スト申出タリトノ由ヲ聞知シタル旨ノ記載

一、間瀬洵ノ作成提出ニ係ル被告事件ニ関スル件回答ト題スル書面中昭和十四年一月二十八日午前八時五十分頃被告人ノ所属内務班ニ於テ同人ニ対シ学科教育ノ為講堂ニ出場スベキ旨口達シタルニ同人ハ即時自分ニ対シ信仰上ノ理由ヨリシテ軍事教育ヲ受クル意思ナシト反言シ其ノ命令ヲ服行セザリシ旨ノ記載

ヲ綜合シテ之ヲ認メ

犯意継続ノ点ハ短期間ニ同種行為ヲ反覆シタル事跡ニ徴シ之ヲ認ム

法律ニ照スニ被告人ノ判示第一ノ所為ハ刑法第七十四条第一項第五十五条ニ第二ノ所為ハ陸軍刑法第五十七条第三号刑法第五十五条ニ各該当スル処以上ハ刑法第四十五条前段ノ併合罪ナルヲ以テ同法第四十七条第十条ニ則リ重キ第一ノ罪ノ刑ニ法定ノ加重ヲ為シ其ノ刑期範囲内ニ於テ被告人ヲ主文ノ如ク量刑処断スベキモノトス

仍テ主文ノ如ク判決ス

昭和十四年六月十四日

第一師団軍法会議

裁判長判士陸軍歩兵中佐　倉嶋佳雄
裁判官陸軍法務官　田嶋隆弌
裁判官判士陸軍砲兵大尉　藤井信雄
裁判官判士陸軍砲兵大尉　井田正孝
裁判官陸軍歩兵中尉　小野寺盛隆

――判決文は以上のとおりであるが、これをみてきづくことの一つは、軍隊内での宮城遙拝拒否に関し、村本自身懲罰を受けた記憶がないと述べているように、この判決文によっても村本は満州の師団に編入されて以来絶対に遙拝を拒みつづけていたにもかかわらず、部隊側はせいぜい一度伍長が物蔭で注意したにとどめていることである。関東軍といえばただささえ酷烈な内務班生活を云々された部隊であるのに、〝天皇〟に対する明確な批判にも通じるとみられるであろうこの行為が、それのみでは処罰さえなしに看過されていたわけで、〝天皇の軍隊〟の名前の虚構の度合を示す一面というか、奇妙な矛盾をみせつける事実でもある。

いまひとつ、村本自身の述懐によれば、工科学校で銃器返納を申しでる直前に、脱柵して灯台社に赴き、順三に諭されて夜遅く帰隊した事実もあったわけであるが、そのことも判決書にはまったくでていない。これはやはり脱柵を部隊にとって不名誉なこととして、部隊日誌などに記述せず、記録から抹消したため判決書にも現われなかったのであろう。そのへんの部隊側の作為のあとを、判決書ははしなくも暴露している。

さらに、全体の調子に不敬・抗命というほどには重罪をはげしく断罪するといった語調もなく、十五年戦争下の日本では類例のすくない思想的信条による兵役拒否に対し、軍の側ではすくなからず処置に困り、処断するにも一種のおもんぱかりや隔意のあともみうけられるのである。

村本はこの判決のとき、裁判官たちに対してこう思っていた。

「自分は聖書の真理にもとづいて正しいことをやっている。彼らにそれを裁く権利はないはずだ——」

そして、裁判長の中佐の目をじいっと見入ると、相手は顔をそむけながら判決を下した。判決をきいて、村本はそれを重いとも軽いとも思わなかった。二年の刑期も長いとも短いとも思わなかった。兵役拒否の実践は、村本の場合あくまでこのような自恃によっても支えられていたのであった。

# Ⅳ　特高の弾圧と灯台社の抵抗

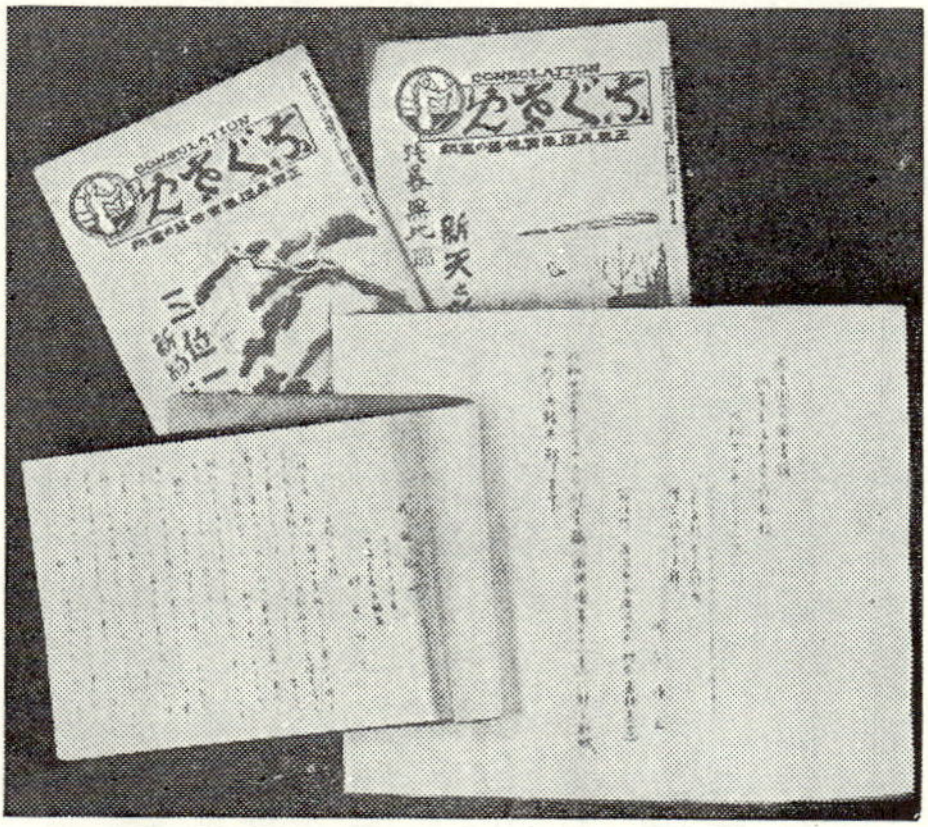

灯台社機関誌『なぐさめ』(1939 年 3，5 月号）と明石順三戦後執筆の『灯台社事件の弾圧と虐待顛末報告書』(下右）および『同獄記』(下左)

## 灯台社全員の検挙

軍隊内で兵役拒否を行なった明石真人と村本一生は、こうしておなじ日の軍法会議で懲役刑をいいわたされ、即日陸軍刑務所の独房でそれぞれ服役することになった。

なお、灯台社関係者による軍隊内抵抗としては、いま一人香川県善通寺の第十一師団歩兵第十二連隊で三浦忠治が不敬罪で処断され、真人と村本が判決を受けた二日後の一九三九年六月十六日、十一師団の軍法会議で懲役二年の刑に処せられたことが官憲側資料(司法省刑事局極秘『思想研究資料』特輯九六号)の記録にのこっている。三浦忠治(一九一八―五五)は香川県小豆郡土庄町出身、燈台社のパンフレットを読んで共鳴し、自ら四国各地を文書伝道するうち、一九三九年五月善通寺の連隊に召集された。そして、御真影は偶像ゆえ拝礼しない、天皇はサタンの支配下にある、などと述べたため、前記の判決で大阪衛戍監獄に服役して、一年半後丸亀連隊に戻され、ビルマ戦線に送られた。敗戦で英軍の捕虜となり、復員後郷里で農業塩業に従事したが、一九五五年に亡くなった。もはや体験を直接聞けないのが残念である。

ともあれ、このように軍隊内での抵抗実践者が三人もそろって灯台社信者からでたことで、官憲側は灯台社そのものの弾圧をいそぐ決定的な口実を得たとみなしたようである。

しかも、明石順三と静栄夫妻は、長男真人が銃器返上をしたおり世田谷の野砲連隊本部に呼び出されて、子どもの行為をどう考えているのかと隊長にたずねられたとき、二人とも「真人の行なったことは、信仰上からみて当然の正しい行為であると思う」とこたえて毅然としていた。この夫妻のことばなども軍当局を通じて思想弾圧の元締めであった特高警察に報告され、軍隊内での灯台社関係者の反軍・反戦の傾向は順三らの教唆によるものと官憲側に付会させる材料となったことであろう。

それにまた、灯台社の刊行する文書は、日華事変の勃発後も、決してその基本的主張をかえなかった。一九三八年一月から『黄金時代』を改題した機関誌『なぐさめ』、その他公刊された単行本においても、この世の悪の体制を批判し、戦争を否定してやまず、たとえば一九三八年七月発行の単行本『富』のなかにはつぎのような叙述がみられる。

「サタンの組織制度の見ゆる部分なる商業と政治の両要素は常に残忍なる戦争の流血行為を企図し、助長す。牧師や司祭等の教職者はこれらの戦争を聖化し、不埒《らち》にもこの残忍なる流血行為を以て神の聖意《みこころ》であると偽称す。これらの意識的殺人者の全部は、ハルマゲドン（注、聖書にいう最後の審判の戦い）において全滅するのである。――この世の諸国の内には、この暴圧的なる商業政治制度を擁護支持し、陸海軍に入りて流血行為に参与して戦争を聖化する制度と共働し、また神に奉仕する忠信者を迫害する為に働く警察官憲に属する者等がある」(『富』九二頁)戦争を聖化するといえば、当時は日本の軍部が対中国の戦争を〝聖戦〟と自称していた時代である。しかも、ほかならぬ警察官憲をも批判したかかる行文は、特高警察関係者をいらだたせもしたであろう。

事実、軍当局と特高警察の連携を物語るように、三人の軍隊内抵抗者が軍法会議で処断されてからわずか一週間後の、一九三九年六月二十一日午前五時を期して、警視庁および荻窪署の武装警官約五十名が、荻窪の灯台社の建物を包囲襲撃した。そして、明石順三・静栄夫妻と次男力、三男光雄の一家、住み込みの奉仕者の女性や少女たちも含め二十六名の本部員、伝道者を一斉検挙して荻窪署に留置するとともに、トラック六台を動員し、灯台社にあった既刊の印刷物、タイプライター、蓄音器、印刷用紙などをすべて押収・満載して運びさった。

そういう弾圧は荻窪の本部に対してだけではなく、東京市内の各所に下宿していた文書伝道者はもとより、地方在住の灯台社信者、パイオニア、朝鮮、満州の文書伝道者に対しても同時に行なわれ、合計百三十余名を検束し、印刷物、書信などを押収した。

そのとき検束された女性文書伝道者の一人隅田好枝(当時二十二歳、後に明石家の養女となった)の体験によると、彼女は東京渋谷の天現寺に近いアパートの一室に、奉仕者の十五、六の少女二人と起居していたが、六月二十一日の朝まだ暗いうちに渋谷署員に寝込みを襲われた。あらあらしく戸口を叩く音になにごとだろうと扉を開くと、いきなり若い女だけの寝室に踏みこんできたのは、特高の刑事二人だった。好枝は刑事たちに着替えの間室外にでていてくれるように頼み、ようやくのことで少女二人と洗面や着替えをすませ、身じまいをととのえて逮捕・連行された。彼女は広島県で看護婦をしていた一九三三年ごろ、村本一生とおなじように『黄金時代』を読んだのがきっかけとなって、仕事のあいまに広島県下の灯台社文書伝道者藤井澄三（後に獄死）、三浦勝夫にすすめられて聖書を熟読し、やがて明石順三に私淑して一九三五年上京、灯台社にくわわったのであるが、まえの一九三三年の第一次弾圧についてもきかされており、そのさい順三も三泊四日の留置で帰されたのであるから、自分などたとえ警察に行ってもすぐに帰されるであろう、と内心思っていた。しかし、警察はそのまま彼女を留置し、釈放どころかさらに拘置とつづいて、懲役三年の刑を受けて控訴中、獄中で肺疾の病を得て危篤の状態で入院するまで外界には戻れなかったのである。

一女性文書伝道者に対してさえこのとおりであって、まして主宰者明石順三以下の幹部は厳しく拘禁され、外界から隔てられたが、ここで付言しておきたいのは、新聞はこの灯台社の全員検挙について一句一行も報道していないことである。灯台社がかりに無名に近いキリスト者集団であったとしても、一度に東京の本部だけで三十名近く、全国で百数十人もの検挙が行なわれ、しかも武装警官隊まで動員されたのであるから、当然事件として報道されてしかるべきものである。ところが一言もふれていないという事実は、そのころの国家権力が反戦あるいは反国家的立場の存在をいかに秘密裡に処断して民衆に知らせまいとしたか、また、報道の自由がそういう国家権力によっていかに抑圧され、蹂躙されていたかを示すものであろう。

いずれにせよ、第一次検挙以来、毎月発行の機関紙もたびたび発禁処分となり、文書伝道者に対する検挙や暴行も相次いでいたけれども、この第二次一斉検挙こそは、まさに弾圧のための弾圧ともいうべき徹底したものであって、とりわけ主宰者の明石順三に対する特高の虐待ぶりは、同時に検挙された他の灯台社幹部たちの目にも異常とみえるほど、残忍をきわめた。

当時五十一歳の明石順三は、夫人の静栄(五十三)、二男力(二十)、三男光雄(十八)とともに家族ぐるみ荻窪署に留置されたが、順三のみ八月末に尾久署に移送(いわゆる〝たらいまわし〟)され、それ以後七ヵ月にわたって、警視庁特高二課宗教班長木下英二警部、取調主任吉成源五警部補、金森、岩瀬両課員らのきわめて意地の悪い取調べを受けることになった。その間の実情を、順三は『灯台社事件の弾圧と虐待顛末報告書』につぎのとおり書きのこしている。

「荻窪署留置場に於ける取扱いは終始残忍と暴行に尽き、妻静栄、二男力、三男光雄と共に監房を異にし、廊下を隔てて終日顔を合せて厳重に監視され、些細なことにて妻静栄や子供達が看守達(村越某、村上某)より口汚なく罵詈嘲笑され、殴打暴行されつつあるを見聞した。尾久署に於ては一監房内に十数名雑居、蚤と蚊、虱、南京虫に日夜責め苛まれつつ、連日階上特高室や応接室にて吉成主任及び岩瀬、金森両課員の不当極まる取調べを受け、先方の言葉に一言にても異議を申し立つれば忽ち殴る、蹴る、投げると云う始末にて、所謂調書は彼等自身の欲するがままに勝手に作成されて、支部長（順三）の意見は一切採用されず、吉成主任の思うがままを彼自身口述して彼自身筆記したる上、支部長に対して署名拇印を強制し、拒否すれば忽ち暴行、支部長の手を捕えて強引に署名拇印せしむることに終始したので、支部長も彼等の遣り方に呆れ果てて、後には一切耳目を閉じてどしどし盲判を押した」

灯台社関係者の検挙は、治安維持法違反ならびに不敬の名目で行なわれたのであるが、特高の取調べや調書そのものも、いかにその既定方針にもとづいた有無をいわさぬでたらめなものであったかは、このような順三の叙述によって証言されている。さらに、取調べにおける拷問なるものも、もはや供述を強要する手段というよりは、拷問のための拷問とでもいおうか、特高警察係官らの口実を設けての悦楽にすぎず、どす黒い欲求の吐け口としての歪んだ悪の性質に充ち満ちていたことも、順三のつぎのような報告で明らかである。

「木下班長は時々取調状態を見回りに来り、時には本庁の同僚を同伴、常に支部長に対して揶揄、嘲笑の態度を持し、或る時の如き暴力団の如き肥大なる一壮漢を同伴して来たが、此の壮漢柔道の達人とかにて、〝柔道を教えてやる〟と称して支部長の矮軀を手玉にとって投げ飛ばしたる上、両椅子の中間に支部長を俯向けに橋渡しし、背中の上へ靴のままで飛び乗って

〃これはいい橋だ〃と興がって踏みつけた。木下班長はその傍らで煙草を吸いながらニヤリニヤリ見物していた。吉成主任は支部長の前額部を逞しい手で鷲づかみにし、〃石壁とお前の頭とどちらが固いかを験してやる〃と言い乍らゴッンゴッンと打ち付けて喜んだ。支部長の顔面は瘤と腫れで完全にイビツとなり、全身にアザと創瘍、腰は立たず、監房で日夜害虫と不潔同監者の大雑居に責められ、尾久署留置期間の殆ど全部は全く不眠不休の連日連夜に終始したが、或る時、ドアの硝子に映った己が顔は全く別人の如くに美事な異容を呈していた。

吉成主任作成の調書は順次検事の手許に送達されたらしいが、その内容が余りに事実と反して馬鹿々々しかったと見えて検事側の意に添わず、本庁を通じて吉成主任に注意して来たらしく、そのため木下、吉成等は愈々焦慮苦慮し、その結果として支部長に対する取調べ振りは益々残忍を極めるようになった。そして遂に昭和十五年二月十日になって、連日尾久署にやって来た吉成は突然姿を消し、同十四日には木下班長自ら岩瀬課員同伴でやって来て曰く。〃明石君(それ以前は明石ッだった)の調べも随分長くなって気の毒だったが、これからは木下自身で出来るだけ早く片づけて了うこととするから協力を頼むよ〃と急に猫撫で声で、地下鉄ストアから買って来たとか云うドラ焼を手土産にして更めて殆ど最初から調書を作り出し、同年四月一日に作成を終了、支部長の身柄を再び荻窪署に移した。斯くして支部長とその家族との同居生活は各々別監房で沈黙の裡に始まった」(『灯台社事件の弾圧と虐待顚末報告書』)

こうした順三に対する拷問の事実は、いっしょに荻窪署に留置された幹部の赤松朝松も目撃した。赤松自身はほとんど拷問を受けなかったらしいが、まだ順三が荻窪署に収監されていた間にも、取調室への往復にときおりみかける彼の顔は殴打などのために人が変わったように変貌していた。赤松自身順三のことを非のうちどころのない人間だと思っていたので、取調官はどうしてそういう目に遭わせるのか理解に苦しみ、いじめぬかれて精神錯乱でも来たしはしないかと、留置場の別房でひどく心痛したという。

なお、赤松はそれ以外にも、同房の共産党関係の容疑で逮捕された青年が、夜中に呼びだされて刑事部屋か武道場へ行くと、しばらくして餅でもつくような音がきこえ、まもなく特高係の腕に支えられたその青年が半死半生の状態で房へ戻されてきて倒れたのをみた。水を飲まされやっと息がつけるようになった青年にきいてみると、裸にされて滅茶苦茶に殴られたり蹴られたりしたという。部屋に社会科学関係の本があっただけでしょっぴかれたのだと青年は話したそうである。順三の体験といい、こういう青年に対する理不尽な拷問の事実といい、治安維持法制定以来の特高警察など官憲の思想関係検挙者に対する扱いがいかに酷烈非道なものであったかを示している。獄死した左翼関係者なども——灯台社の検挙者からも後述するように何人かの獄死者がでたが——これに類する、あるいはさらに無惨な拷問によって死にいたらされたにちがいない。そうした消息を伝える点でも順三の手記は貴重な文献の一つであろう。

もっとも、その警察関係者のなかにも、まれな例ではあったが、拘留中の順三らの人権と人格を認め、かげにまわって親切を示した人間的な看守がいたことも記しておかねばなるまい。

明石順三自身、灯台社弾圧の顚末報告書のなかで、警察における留置期間を通じ終始親切を示してくれた看守として、荻窪署の土屋藤雄、尾久署の岡田某等の名前をあげ、「殊に土屋氏の如きは支部長等の無罪を確信して支部長一家族の為に、常に蔭になり日向になって親身も及ばぬ好意と親切を尽して呉れた。又岡田氏も支部長の無罪を信じ〝こんな人を本庁の連中はどうして斯う苦しめるんだろう〟と憤慨し、つねにかげに回って支部長に懇切な保護を与えた。このほか、警視庁特高二課高橋巡査部長は支部長を荻窪署より警視庁に単身護送するに際して〝僕は明石君を絶対信頼しているよ〟と云って他の同僚の危ぶむのも無視し、無手錠のまま恰《あたか》も友人と同行するかの如く支部長に絶対の自由行動を許し、坂井予審判事より有罪宣告の後、検事局に身柄引渡しをなす際、待合室に無看視のまま十数分間を放置する如き寛容を示した」と特筆している。このような人間性が非情な警察機構のなかでいかに身にしみて貴重なものであったかがわかるであろう。

順三が親切な看守としてあげた一人の土屋藤雄は、二年後の一九四一年応召して甲府の部隊の補充兵で満州、スマトラ、パラオなどを転々とし、飛行場建設の作業をするうち、極端にひどい食糧事情のため栄養失調となって敗戦後帰国、ふたたび荻窪署に戻って、戦後は長らく久我山や宮前の駐在所に勤務した。一九六五年巡査部長で定年退職となり、その後は東京代々木のオリンピック記念青少年綜合センターに勤めているが、明石順三が留置されていたころを回想して、こう話してくれた。

「自分としてはとくべつなことをしたとは思っていません。ただ差しさわりのない範囲で人間としてあたりまえのことをしたというだけです。実のところ、調べは全部本庁(警視庁)の連中がやっていまして、明石順三という人がどのような件で検挙されてきたのか、私ども看守にはなにも知らされていませんでした。しかし、順三・静栄夫妻は房に最初入ってきたときの挙止動作からして、粗暴なものの多いふつうの犯罪人とはまるでちがう。これは悪いことをした人ではない、とすぐに思いました。それに、留置期間も非常に長く、いつまでも拘禁されているので気の毒に思い、房内では木の床に直接正座していることになっていましたが、あの人たちには寝具用の毛布を畳んだのをそのまま敷かせてすこしでも楽にさせてあげたり、食事の中身や用便の時間も規則ではきまっていましたが、人間ですから条件もまちまちだし時々の体調によってもちがうものを、規則で律しろといっても無理だと思いましたので、腹具合の悪いときは粥にするとか、パンにするとか、夜中の用便のこととか、そのへんを考えてあげたということです。入浴の機会も当時の留置人にはほとんどなかったので、なんとか非衛生にならないよう身体を拭う機会をつくってあげたとか、それぐらいのことはしましたが……」

ひかえめな話しぶりに、かえっていかなる環境にあっても人間的であろうとした人柄がしのばれるのであるが、獄中の順三にとっては、なおさらそのような看守の人柄が、得がたいものにおもわれ、感動をもさそわれたのであろう。

まだ十八の少年で荻窪署に留置された順三の三男光雄の話では、向い側の房にいた母の静栄はいつも箱弁を三分の一ほど食べて、あとは子どもにわけてほしいといって看守に託したりもしたらしい。土屋看守はそうした便宜もはかってくれたようで、光雄も親切だった土屋の名前をいまもなつかしく記憶している。

――だが、取調べにあたった〃本庁〃の特高の係官たちは前述のような非道ぶりで、あくまで重罪に陥れる既定方針のもとに、治安維持法並びに不敬容疑のほか、アメリカのワッチタワーと連絡のあることでスパイ容疑まで付して、調書作成なども恣意にすすめたのであった。

## 一方的裁判による重罪判決

こうした警察側の取調べが、いかに当局の既定方針によってなされたかということは、取調べの指揮にあたった東京刑事地方裁判所の検事西ヶ谷徹の、一九四〇年(昭和十五年)五月司法省で開かれた「思想実務家会同」(治安対策と言論・思想・信仰の取締りを担当した全国の地裁・控訴院などの判・検事の会議）における灯台社検挙事件に関する報告によっても明らかである。この会議の議事録は、『思想研究資料』特輯七十九号（一九四〇年八月、司法省刑事局極秘資料）に記録されており、それをみると検察側が灯台社関係者を治安維持法第一条の「国体ヲ変革スルコトヲ目的トシテ結社ヲ組織シタル者」の項にあてはめるために、灯台社の教理をも、日本の国体を変革するという一点に結びつけようと腐心しているのがまざまざとうかがえる。

検事西ヶ谷は、まず、警視庁ではかねてから灯台社の結社の実態について内偵を進めていたが、そこへ明石真人と村本一生、三浦忠治の軍隊内での銃器返納などの抗命、不敬事件が発生し、この三人の思想信条が灯台社を構成する「エホバの証者」全員に通じるものであることを確認したので、「現時局に於て此の結社の存在は一日も許すことは出来ない」（注、以下括弧内は西ヶ谷検事の言葉のまま）として一斉検挙を断行したとまえ置きして、灯台社が国体変革を目的としているかどうかという点でも、「被疑者等の陳述する所は、灯台社は現在の悪魔の組織制度たる世界各国の支配統治機構、社会宗教経済機構等の全部を破却一掃し、神の聖意に拠る統治組織たる〝神の国〟を此の地上に実現せむとする神エホバの目的を自己の目的とせる結社であるということに帰着」すると述べ、その教理は国体変革のみならず、天皇制の打倒をもめざしていると強弁して行くのである。

すなわち、西ヶ谷によれば、灯台社の教理はつぎのようになる。万物の創造主である唯一至上の神エホバが地球及び人類を創造した目的は、神の意志に絶対服従する正義の人類を以て地上を満たそうというところにあったにもかかわらず、最初の人類アダムは悪魔ルシファーの邪導により神の律法を破り、以後の人類は生存権を有せざる罪人として生れでることになったが、その悪魔ルシファーは、もともと神エホバが全人類の讃頌を受けるようになるのを嫉んで、人類を神から離反させ、みずから人類を支配しようという野望を抱き、イブを欺いてエホバの律法に反逆せしめたのであり、以来悪魔はみえざるこの世の主として現在にいたるまで全世界を支配し、全人類を神エホバから離反せしめんと努力しており、「自己の意思を地上に代行させるが為に独裁的或は偽善的な国家組織、資本主義的経済機構、羅馬法王教権を中心とする宗教制度等を組織経営し、之が為に世界全人類は戦争、圧制、貧困、疾病等不幸不快なる状態に苦しんで居る」。このような世界観からすると、国家は要するに悪魔の組織制度であるから、これから絶対に離脱してその統治に服せざることが正義であり、国家の制度なるものも近き将来神の手によって必ず崩壊せしめられるべきものとなる。

検事西ヶ谷は、こういう視点から、灯台社の教説で注意すべきは、「将来神に依り撃滅一掃せらるべき対象として見て居るのは悪の霊たる悪魔のみではなくして、此の悪魔に依りて組織され、或は悪魔に依って利用され、此の悪魔の意思を代行しつゝありとして居る国家組織其の他の所謂悪魔の組織制度を含むことであり、而して我が皇室も現在の世界各国の統治組織も其の意味に於て撃滅の対象とされて居る」ことであるとし、さらに、また、「当然我が皇室も悪魔の組織制度に屈し、神の国実現の暁には、皇室の御統治も変革せられるのであり、若し皇室に於て此の灯台社の真理を入れ、神エホバの聖意に服するが如き場合に於ても、天皇個人としては祝福せらるるも、それ故に国家の統治権を存続せらるることなく、一般国民と共に被統治者の地位に就くのであるというが如き誠に恐懼すべき信念を有って居る」ことであるとする。

　西ヶ谷によれば、こうして灯台社は悪魔の組織制度をうちやぶり、神の国を実現することを目的としているが、その場合「灯台社は現在の悪魔の組織制度は近き将来に於てハルマゲドンなる空前絶後の一大災禍に依って撃滅一掃せられるものであると説き、ハルマゲドンとはイエス・キリストの指揮する天軍が悪魔の組織制度を撃滅する戦であると説いて居る」のであって、「若し我が国の主権者、国民の全部が神の側につくことになれば、我が国はハルマゲドンの災禍から免れて神の国に移行する」ことになるわけで、灯台社でもそうなることを理想として証言宣明行為をしてはいるものの、「此の証言宣明行為は国体変革を目的とし、其の手段として遂行しつつあるもの」であり、「一般的には此の証言を全部の者が受入れるということは事実上期待し難く、ハルマゲドンの到来は已むを得ぬ」ということになる。

　検事西ヶ谷はこんなふうに解説したあと、灯台社の現実的な危険性を強調するように、ハルマゲドンのさい「神の側に立たざる者は全部殺戮されてしまう」のであり、証言宣明行為のみで国体変革の目的が達成されない場合においても、「エホバの証者は証言宣明行為に依って神の国に服従する所謂善意者、或は大なる群衆を獲得し、之に依って一面悪魔の組織制度の内部に混乱動揺を誘発し、其の組織を部分的に崩壊せしめ、又ハルマゲドンの際に於ては神の国に服従しなかった者が撃滅せられるのと相呼応して、神の側に獲得した善意者を保護して其の信仰の強化を図り、更にハルマゲドン後には生き残った者を指導して神の国建設の任務に従事するのでありますから、之等一連の行為は灯台社が国体変革の目的を以て為す手段であると認めるのに十分である」と結論するのである。

なお、明石順三は、灯台社を通常の意味での組織・結社というふうには考えていなかったことはまえにいったが、検察側はその点あくまで灯台社が治安維持法第一条に抵触する〝結社〟であることを定義づけんがために、大審院検事局と協力して、灯台社は「灯台社教理に依る世界支配体制変革の一環として我が国体を変革し、所謂地上〝神の国〟を建設することを究極の目的とし、同教理に基く証言宣明行為に依りて我が国民の国体観念を腐触せしむると共に、現存秩序の混乱動揺を誘発せしむることを当面主要の任務とする結社なり」ときめつけ、一九三三年五月の第一次検挙後、明石順三が信仰の強固な者のみを糾合して運動を再組織したときに、新たに〝結社〟が組織されたと一方的に認めることをきめている。

以上が「思想実務家会同」における灯台社事件担当検事の報告の要旨である。もともと灯台社の教説は宗教の範疇に属する思想もしくは信条を述べたものであり、それも聖書の言葉にもとづいたものであるにもかかわらず、たとえばそこで象徴的に真理のための〝戦い〟を意味した語句までが、さながら現実の武力と殺戮をともなう内乱か騒擾でもあるかのごとく故意に曲解されて、灯台社そのものも危険きわまりない結社であることを印象づけようと意図されているのが、ありありとうかがわれる。問題なのは、検察側によって述べられた灯台社の教理や、治安維持法に該当させるべく仕組まれた論旨の当否ではない。それより以前に、聖書の真理の内面における実現にあったはずの灯台社の目的が、くどいまでにくりかえし述べられる〝国体変革〟や〝天皇の統治権の断絶〟に結びつけられていることが問題なのである。そのことがいかに検察側の固執する既定方針であったかも、この検事報告によって明らかであろう。

こういう方針にもとづいて検事調書もつくられ、裁判は、一九四〇年八月予審、一九四一年八月予審終結決定と進んで、一九四二年五月、明石順三は東京地裁の第一審で反戦・国体変革・不敬罪によって懲役十二年(求刑無期)の判決を受け、さらに一九四三年四月東京控訴院の二審で懲役十年の判決が下された。そして、順三は一九四三年(昭和十八年)九月上告棄却によって巣鴨拘置所で服役し、同年十一月宮城刑務所に移送されて、苦役の日々がつづくことになるのであるが、この間の裁判については、彼自身も「支部長を有罪ならしめんとする当局の方針は既定不動の事実として事毎に強行された。第一審、第二審共に終始傍聴禁止の秘密裁判であり、表面は公判らしき一応の格好と形式を装おえるも、検事は勿論のこととして、裁判長以下の一言一句、一挙一動は此の当局の既定方針に基いて言行する状勢が容易に看取された」(『灯台社事件の弾圧と虐待顛末報告書』)と記している。

ちなみに、その傍聴禁止裁判の第一審の公判の記録の一部が戦前の内務省警保局関係秘密資料『昭和十七年中に於ける社会運動の状況』(一一八三頁以下)にのこっているので、裁判長(判事徳岡一男)と明石順三の問答を抜萃しながらあとづけてみたい。

灯台社主幹明石順三に対する治安維持法違反事件第一回公判状況(一九四二年三月二十八日)

(傍頭立会鶴岡検事より公訴事実の内容に関し一般傍聴の禁止を要求するや裁判長此の旨宣言し型の如く被告の身分、学歴、職業、家庭の状況、前科の有無等を訊問したる後、灯台社の起原などについて問答があって)

**裁判長** 灯台社の目的は如何。

**明石順三** 灯台社は聖書的真理に因って此の世の人々が神の聖旨に背反逆行しつつある諸事実を指摘し、真に神エホバの聖旨に添う人類と為さん事を目的としているのであります。

**裁判長** 灯台社の組織は如何。

**順　三**　私は組織と云う文字を使用する事に就いて聊《いささ》か異議が有るのであります。灯台社には神と各人との信仰が同一である者が自発的に単に寄り集まっておりまして、主幹たる私は未だ嘗てパイオニヤに対し形式的な入会届と云う様なものを徴した事はありません。

**裁判長**　しからばパイオニヤ聖業参加規定なるものに就いては如何。

**順　三**　それは見方によれば形式的な入会乃至参加規定とも見られますが、私の主旨とする処は主としてパイオニヤ及び補助パイオニヤの活動指針を規定したものであります。

**裁判長**　被告は昭和八年事件後灯台社を再組織したのではないか。

**順　三**　昭和八年五月千葉県特高課によりエホバの証者が弾圧を受けた為に聖業一時中止の余儀なきに至りました。私は当時満鮮方面巡回指導中でありましたが直ちに帰京し、五月二十二日千葉県市川警察署に任意出頭し、二十六日釈放さるるや今後の灯台社の運動に関し飽くまで神に忠誠を誓う者の決意を、二十七日付を以て全国に活動中のパイオニヤに対し訊ねました。

**裁判長**　被告は其の際文面に判然再組織と云う文字を使用しておるではないか。

**順　三**　此の組織と云う問題に就いても私どもの観念と一般人の観念とは多少の相違を発見するのでありまして、当時取調べに当られた検事さんや予審判事さんとも其の時矢張り相方歩み寄って、私が灯台社の本質について各パイオニヤは各々神と各人との信仰関係に依って寄り集まったものであると云う意見並に其の思想は客観的には立派な組織であると言われますので、では組織と云う事に致しても宜敷うございますが、私どもは終始一貫信仰によって生きて来ているのでありますから、私どもが単なる人間の集まりであると断定される事は甚だ面白くありません。私どもは常に神の存在を無視して何事をも為す事の出来ないと云う一事を御記憶あって、取調べを進めて戴きたいと申して置きました。

第二回公判状況（一九四二年四月七日）

**裁判長**　灯台社教理に依ればエホバの神が天地万物の創造主唯一絶対最高の神になっておるのか。

**順　三**　そうです。

**裁判長**　其のエホバは聖書に如何なる事を預言黙示しておるか。

**順　三**　究極においてエホバはイエスに全権威を委ね、其のイエスを信ずる者に永久の生命と幸福を与え、これに反する者には死と滅亡を与えられる事を約束されてあります。

**裁判長**　これを要約すると、神は予定の時に悪魔と其の地上全勢力を撃滅一掃、其の後にそれに代る神の国を建設、自己の最高至上である事を万物の前に立証する、それには神は其の準備として約束の裔を用いられる事になるのか。

順　三　そうです。
裁判長　悪魔とはルシファーを指すのか。
順　三　そうです。
裁判長　何故神に反逆したのか。
順　三　ルシファーは霊者にして人の目に見えないものですが、人類の監督者として神の目的を実現すべき任務を持っておったにも拘らず、未来に実現すべき神の国を想像してこれを横取りせんとし、神に反逆し人類の始祖を誘惑した為に、それ以来地上全人類はルシファーの支配下に隷属するようになったのであります。
裁判長　其の為地上全人類はすべてルシファーの邪導下に生活して来たと云う訳だね。
順　三　そうです。
裁判長　これを悪魔は地上に悪魔の組織制度を持っておると説明しておるのだね。
順　三　そうです。政治・宗教・商業その他全部の地上的組織制度を指して悪魔の組織制度と見ております。これらはすべて正義の神とは無関係の存在であります。
裁判長　しからば国家も悪魔の組織制度か。
順　三　そうです。古代神に反逆して建設したニムロデ以来全部の国家組織は、例外なく悪魔の組織制度で神のものではありません。

**裁判長**　ニムロデの事は何処に書いてあるか。

**順　三**　創世記十章八節より十二節まで書いてあります。(注、ニムロデは初めて世の権力ある者となれり、とある)

**裁判長**　日本国家に就いては如何に見ておるか。

**順　三**　日本は基督教国ではありませんが、教理上から異邦国の一つであります。而して全世界は悪魔の世でありまするし、又日本はエホバを神とも信じておりませんから、悪魔の国です。

**裁判長**　(注、この間、順三がイタリアのファッショの運動やドイツのナチスの運動に対する批判を述べたのをきいた後)ほかに言う事はないか。

**順　三**　私は日本の国家、天皇皇族に就ては灯台社運動中は私の妻子供と雖も何も言っていないのであります。今回の検挙後取調べに当って考えたものであります。それまでは国家国体に就いては何も考えていなかった事を御了承願います。

**裁判長**　そんな事はないだろう。被告の長男真人の事件についてはどう見ておったか。

**順　三**　私どもの信仰上から見て当然の行為と思い是認しておりましたが、別に私はその事を指示した訳ではありません。

**裁判長**　其の他の子供を被告は祝祭日には学校を休ませておったが、それは如何なる理由か。

**順　三**　それもすべて子供の信仰上から処理しておったのでありまして、別に私が指示した訳ではありません。
**裁判長**　しからば被告は灯台社運動継続中においては、天皇陛下及び皇族の尊厳性を認めておったか。
**順　三**　尊厳神聖と云うような事は全然認めません。
**裁判長**　天皇陛下の御地位についてはどうかね。
**順　三**　天皇の御地位などは認めません。

二回目の公判で天皇に関する裁判長の質問にこのようにこたえた順三は、その後、自分は日本及び日本人を愛しているが、現在の日本の進んでいる道は滅亡の道であるので、その滅亡の道から日本を救わんがために証言宣明行為をしてきたのだ、と法廷で訴えている。裁判官はそういう言葉には注意を払わず、以上の問答をみてもわかる通り、まず灯台社が結社であることを認めさせ、ついでその教理がいかに日本の国家・国体の否定に結びつき、順三個人も天皇の地位否定の立場にたっているかを立証するという、検事の示した既定方針の順序にしたがって、よどみなく一方的裁判を進行させて行くのみだったのである。含むところある裁判官の質問に、順三はひたすら正直に、いささかも信教の立場をまげずにこたえる。それがまた司直のねらいにはまり、まったく赤子の手をねじるようにやすやすと「治安維持法第一条」に該当させられて行くのが、公判記録からまざまざと読みとれるではないか。

いわば罪におとしいれるための、このような秘密裁判によって、第一審で明石順三は懲役十二年、明石静栄は懲役十二年、他に五十人あまりの灯台社関係起訴者も懲役五年から二年の判決(転向者は執行猶予づき)を受けることになり、順三夫妻以下多くは控訴したが、第二審でも順三は懲役十年、静栄は三年六ヵ月の刑となり、上告は棄却されて結審となった。

内容が重複するきらいはあるが、念のために、最終の控訴審で司直はどのように灯台社の思想や順三・静栄夫妻を断罪したか、その判決文(裁判長判事藤井五一郎)の一部を原文のまま引用しておこう。

「其ノ(注、ワッチタワーの)教理タルヤ、〃エホバ〃ヲ以テ宇宙万物ノ創造主タル唯一絶対至上至高ノ神ナリト做シ、(中略)現在世界諸国ニ於ケル統治組織社会機構ハ総テ悪魔ガ人類ヲ〃エホバ〃ヨリ離反セシメンガ為ニ組織シ利用シツツアル〃悪魔ノ組織制度〃ニ属シ、人類ハ其ノ支配下ニ在リテ常ニ圧制・戦争・貧困・疾病其ノ他凡ユル不幸災厄ニ悩ミ居ルモノナリ。然レドモ〃エホバ〃ハ其ノ全智全能ニ依リ予定ノ時期至ラバ悪魔ノ全勢力ヲ撃滅シ、其ノ支配下ニアル人類ノ内〃エホバ〃ニ服従スル者ノミヲ救出シ当初ノ目的ヲ実現スルモノニシテ、此ノ目的ヲ実現センガ為ニ〃約束ノ裔〃ナル神性ノ大霊者〃イエス・キリスト〃ヲ自己ノ代理執行者トシ〝ハルマゲドン〟ト称スル空前絶後ノ大災厄ニ依リ〝悪魔ノ組織制度〟並ニ其ノ支配下ニ在リテ〝エホバ〟ニ服従セザル人類ヲ撃滅一掃セシメ、然ル後〝エホバ〟ヲ讃頌スル人類ヲ民トシ〝古代忠信者〟ヲ統治者トスルトコロノ〝エホバ〟ノ全地的統治組織タル〝地上神ノ国〟ヲ成就スルモノナルガ、右〝ハルマゲドン〟ノ前提トシテ〝エホバ〟ハ〝エホバノ証者〟ノ一団ヲシテ地上ノ人類ニ対シ神ノ国ノ福音ヲ伝エ、〝ハルマゲドン〟ノ到来ヲ警告セシムルト共ニ、速ヤカニ〝悪魔ノ組織制度〟ヨリ離脱シテ〝エホバ〟ニ帰依シ以テ〝ハルマゲドン〟ノ災厄ヲ免レ、其ノ後ニ建設セラルベキ神ノ国ニ於テ祝福ヲ受クベキコトヲ勧告セシムル(所謂証言宣明行為)モノニシテ、(中略)(エホバノ証者)ノ任務ハ前記〝証言宣明行為〟ヲ為スニ在リ。

之ヲ国家的立場ヨリ観ルニ、該教理ノ内容ハ世界各国ノ主権者並ニ国民ニ対シ前記〝エホバ〟ノ目的ヲ宣明シ、現存ノ国家統治組織社会機構ノ全部ガ〝悪魔ノ組織制度〟ニ属スルモノナル旨ヲ暴露シ、該組織機構ハ近キ将来ニ於テ〝ハルマゲドン〟ニ依リ撃滅一掃セラルベキコトヲ警告スルト共ニ、主権者ニ対シテハ其ノ主権ノ不正邪悪ナルコトヲ認識シ主権ヲ神ニ返還スベキコトヲ勧告シ、一般国民ニ対シテハ邪悪主権者ニ依ル被害者タルノ立場ヲ認識シ、其ノ制度ノ下ヨリ離脱シテ〝エホバ〟ニ帰依スルコトヲ勧告スルニ在ル。

日本灯台社ハ右灯台社(注、ワッチタワー)総本部ノ日本支部トシテ(中略)、我帝国ヲモ亦〝悪魔ノ組織制度〟ニ属スルモノト倣シ、帝国ヲシテ〝ハルマゲドン〟ノ災厄ヨリ免レシムル為ニハ、帝国ノ上下ヲ挙ゲテ斉シク〝エホバ〟ニ帰依シ前記神ノ国ノ祝福ヲ享クルノ外途ナキモノト妄断シ、〝証言宣明行為〟ニ依リ前記教理ノ宣伝普及ヲ図ルモノナルヲ以テ、之ヲ我ガ国体ニ照シテ稽フルニ畏クモ天皇陛下ガ皇祖天照大神ノ裔トシテ大権ヲ統ベ給ウ肇国以来確固不動ノ我国統治体制ヲ否定シ、〝エホバ〟ニ対スル大権ノ返還ヲ説クコトニ依リ御退位ヲ希求シ奉ルノ不逞ヲ犯スニ帰着シ、即チ开ハ万世一系ノ天皇君臨シ統治権ヲ総攬シ給ウ我ガ世界無比ノ国体ヲ変革スルコトヲ目的トスル結社ナリ。(中略)

被告人明石順三ハ(中略)其ノ主宰ノ下ニ多数ノ同信者ヲ結集シテ活動ヲ継続中、昭和八年五月中旬頃当局ノ取締ニ因リ其ノ活動ニ一頓挫ヲ来スヤ、同年六月上旬頃日本灯台社ノ再組織ヲ遂ゲ、同月下旬頃ヨリ昭和十四年六月二十一日検挙セラルル迄同結社ノ最高首脳者トシテ右再組織前ト同様ノ活動ヲ為シ来リ、(中略)被告人明石静栄ハ(中略)日本灯台社創設以来〝エホバノ証者〟ノ一員トシテ其ノ活動ニ従事中前叙ノ如ク昭和八年五月下旬頃前記日本灯台社東京事務所ニ於テ主幹明石順三ヨリ日本灯台社再組織ノ件ニ付意向ヲ糺サルルヤ、同結社ノ目的ガ前記ノ如クナルヲ知悉シナガラ引続キ〝エホバノ証者〟トシテ同結社ノ目的達成ニ協力センコトヲ決意シ、即時同人ニ対シ右決意ヲ表明シ同年六月上旬頃日本灯台社再組織ト共ニ同結社ニ加入(中略)シタルモノナリ。

法律ニ照スニ、被告人明石順三ノ国体変革ヲ目的トスル結社ヲ組織シ其ノ指導者タル任務ニ従事シタル点ハ、昭和三年勅令第百二十九号治安維持法中改正ノ件(旧治安維持法)第一条第一項前段ニ、被告人明石静栄ノ国体変革ヲ目的トスル結社ニ加入シ其ノ目的遂行ノ為ニスル行為ヲ為シタル点ハ同法第一条第一項後段ニ夫々該当スルトコロ、(注、旧治安維持法第一条には「国体ヲ変革スルコトヲ目的トシテ結社ヲ組織シタル者又ハ結社ノ役員其ノ他指導者タル任務ニ従事シタル者ハ死刑又ハ無期若ハ七年以上ノ懲役ニ処シ情ヲ知リテ結社ニ加入シタル者又ハ結社ノ目的遂行ノ為ニスル行為ヲ為シタル者ハ三年以上ノ有期懲役ニ処ス」とある)(中略)定メタル刑ニ依リ処断スベク各被告人ニ付所定刑中有期懲役刑ヲ選択シ、其ノ刑期範囲内ニ於テ被告人明石順三ヲ懲役拾年ニ、被告人明石静栄ヲ懲役三年六月ニ夫々処シ、刑法第二十一条ニ則リ原審ニ於ケル未決勾留日数中各四百日ヲ右各本刑ニ算入スベキモノトス。仍テ主文ノ如ク判決ス。昭和十八年四月十三日」(司法省刑事局極秘『思想月報』一〇三号)

司直の側は、こういう晦渋な判決文の随処に、「ハルマゲドン」といったみなれない語句を濫用し、その意義を奇怪なふうに強調することによって、灯台社本来のむしろ社会の現実を直視する傾向は背後におしやって隠し、いかばかりそれを狂信的な邪教の類として印象づけることにつとめたかを、われわれはみてとることができよう。このような裁判こそ国家神道のみを是とした一種の魔女裁判といわねばなるまい。

それにまた、戦争を非とし、悪の社会に終焉を告げさせたいと願う人間として当然の真摯な訴えが、そのままただちに国体変革の問題に結びつけられ、治安維持法によって処断されるべく、既定の方向に牽強付会されて行くのをみる。当時の思想関係者に対する裁判はすべてこのように単に予定された重罪に陥れるための儀式にすぎなかったのか。われわれはそこに、審判の名において通用したことの、かくも強弁と瞞着に満ちた実態を知るのみである。

明石順三は取調べの過程からこうした一方的裁判に終始することを察していたため、とくに弁護人を選ぼうともせず放置していたので、法廷は官選弁護人をつけたが、「この官選弁護人は有名なる酒精中毒者にして、被告の利害は一切顧慮することなく、ただ当局の指揮命令にのみ服して支部長を不利に陥れることに専念した」とも順三は記している。その官選弁護人は、最後の判決にあたっても、寛大な刑を感謝するなどと法廷で裁判長にへつらっていたこともつけくわえておこう。

## あいつぐ殉難者たち

控訴審の判決文にもあるとおり、順三の夫人静栄も夫とともに断罪されて、三年六カ月の刑をいいわたされたが、すでにその判決公判のころ、彼女は長い拘置生活のために身体をすっかり衰弱させていた。なんどか彼女とおなじ法廷にたった隅田好枝の話では、静栄は控訴審以前から法廷で看守二人に両側から抱えられてもたっていることができないほどの状態であったという。

静栄は、元来身体が弱いというほうではなかった。しかし、おだやかな家庭に生いたって五十三の年に入獄を強いられた女性のうえに、終日日の差さぬ留置・拘禁の生活は二審公判までに四年の長きにわたっており、不潔で不自由な獄中で肺結核と神経痛を病むようになって、憔悴に憔悴を重ねたのであった。

それでなくても、女性に対する特高の扱いはいっそう理不尽で、耐えがたい残忍な体罰もくわえられがちであった。灯台社関係者の話ではないが、東海地区で検挙されたある左翼関係の女性二人は、特高による取調べのさい、拷問として全裸にさせられ、特高二人の目のまえで倒立することを強要され、あげくに蠟燭の焰で体毛を焼かれたというような事実も記録にのこっている。抵抗不能な女性逮捕者に対するこの類いの暴行も〝天皇の名において〟特高は行なっていたわけである。明石順三に対する取調べ中の虐待といい、拷問なるものがまったく官憲の嗜虐的な欲望の吐け口となっていたことはこういう事実によってもわかるであろう。

これほどまでに酷薄な環境に孤独な状態でおかれながら、もともと順三の生一本な純粋さにひかれたという静栄は、信教をかたく守って転向せず、二審判決後病重った身体を栃木の女子刑務所に送られたが、戦争末期の悪条件も重なってか、手当らしい手当を受けさせられず、翌一九四四年六月八日、病名もはっきりしないまま五十八歳で獄死を遂げたのである。

明石順三は、仙台の宮城刑務所の独房にいて、ひっそりと妻の死をきかされただけで、その死に目にも会えなかった。検挙以来、夫妻が公判廷で顔を合わせたのも一、二度しかなく、彼女の死にいたるまで互いに音信不通のままにおかれて、順三は妻の最後の状況についてもとうとうなにも知ることができずに終ったのであった。

ただ、戦後になって時代もかわってから、一九四七年一月二十三日付の『朝日新聞』に、思いがけなく「八年前に敗戦を予言、獄死女囚の判決文現わる」という見出しで、明石静栄の戦中の獄死についてふれた記事がのった。その内容は、行刑旬間に女囚を収容する栃木刑務所で戦時中の判決書類を調べたところ、日本の敗戦を予言して治安維持法違反で捕われた明石順三夫人静栄の貴重な判決文がでてきた、彼女は夫君とともに灯台社を組織して伝道に努めていたが、その宗教は当時の政治組織、社会機構を批判し、悪魔の組織制度に属する現在の国家はやがて撃滅されるだろうと力説したため、日華事変たけなわなおりから軍閥の手に委ねられようとしていた政治の重圧を受け、夫順三といっしょに検挙されて、昭和十九年六月、刑の終るを待たず獄中死をとげた、というもので、刑務支所長のこんな談話がのっている。

「判決文によれば、今から八年前すでに封建日本の滅亡を予言している。それは彼女の信念から生れたものだろうが、今日われわれが思想的にまた科学的に考えても十分納得できることだ。それにしても当時の刑務所に今日の医療設備があれば死ぬようなこともなかったろうし、当然戦後の大赦で出獄できたと思う」

いまさらなにをいっているのだといいたくなるような、敗戦でにわかに肩を落とした官憲の談話であるが、この刑務支所長の言葉から、明石静栄は戦時下の刑務所の、医療ひとつ受けられない虐待のうちに見殺しにされて獄死するにいたったのがわかる。

灯台社の検挙者のなかには、ほかにも拷問によって不具となるもの、長期間の不潔な監房生活のために大患に罹るもの、廃人同様になって獄死するものなど、迫害の犠牲者があいついだ。

渋谷署に検挙されたころ二十二の娘だった隅田好枝は、取調べに対しても「この世は天皇も含めて悪魔が支配している。その悪魔の命ずる戦争にはぜったいに反対です」と臆せずこたえ、「じゃ、お前からみるとおれたちなどさぞかし悪魔にみえるだろうな」とからかわれると、「悪魔はあなたたちよりもっと強いわ」とやりかえし、刑事を辟易させたりした。くったくのない、丈夫な彼女は留置生活にもさしてめげずにいたが、未決で巣鴨の拘置所に移されてから肺結核に罹って咳こみはじめ、すっかり衰弱して「この独房が墓場になるのか」と暗い予感がするようになった。一九四二年、一審で懲役三年の判決を受けた彼女は、控訴中に病状が悪化し、ついに夜中になんどか激しく喀血して呼吸困難となり、危篤状態に陥ったため、担架で病院へ運びだされることになった。「動かすと死ぬわ」と看護婦がいった。「病院まで保《も》つかな」

という声もきいた。しかし、隅田好枝は担架のうえで「これで墓場からでられる。私にはまだ生きる用事があるんだわ」と思っていた。そのまま板橋の病院に入院した彼女は、きょうだいの看護でなんとか生命をとりとめ、絶対安静なので公判中断のまま三年を病室ですごし、一九四五年の秋、敗戦後になってようやく検事免訴となったが、明石家の養女となった戦後も病は癒えず、鹿沼市の病院で一九七〇年ごろまで、獄中の発病から数えれば約三十年近くも、長い療養生活を送らねばならなかった。

それでも生き延びることのできたものはしあわせだった。旧灯台社員から手紙を受け取っていたというだけで灯台社再建運動の嫌疑をかけられ、一九四一年十二月熊本県下で検挙された女性奉仕者田辺とみは、二年後懲役三年の刑を受けて明石静栄と前後して栃木の女子刑務所へ送られ、服役中、やはり一九四四年に獄死している。

秋田県横手の駅長であった村田《むらた》芳助《よしすけ》という東北地方の文書伝道者の一人は、第二次一斉検挙の際仙台市内で逮捕され、警察、拘置所、最後は順三とおなじ宮城刑務所に服役して、合計六年にわたる獄中生活を送った。その間連日のように大小の拷問を受け、五十の坂をこえた肉体は完全に衰弱し、栄養失調も重なって、一九四五年九月、敗戦による措置で出所できはしたものの、一ヵ月後に衰弱死した。これも敬虔な信者に徹しようとした人の殉教の死であった。

また、朝鮮人青年の玉応連は、中学時代にキリスト教に入信し、その後『黄金時代』を読んで灯台社の教義に共鳴し、一九三八年四月から奉仕者にくわわり、朝鮮の黄海道や平壌《ピョンヤン》などで、朝鮮語に訳した機関誌『幸福の道』その他の小冊子を配布して、熱心に文書伝道の仕事をした。が、一斉検挙によって東京の本部で順三夫妻らとともに検挙され(当時二十四歳)、富坂署にたらいまわしされた後、一九四二年五月懲役四年の判決を受け、控訴もせずに豊多摩刑務所に服役したが、長期にわたる苛酷な拷問が原因で発狂し、悲惨な獄死をとげた。

このような殉難者たちが、いずれも非転向の立場を守りぬいていたことはいうまでもない。しかし、私がここでいいたいのは、これらの人々を非転向なるがゆえに高しとして神格化し、その殉難のあとをローマや天草の殉難者たちの事績になぞらえて称えよ、というようなことではない。非転向・転向の問題については、兵役拒否者村本一生と明石真人のその後の問題にもからんで後章で考えることにするが、一方には一審の裁判のころには転向を表明して、執行猶予づきの判決を得た人々もいたのであるから、殉難者のなかに、そのようにすればあるいは獄死などしないですんだケースもあるのではないかといわれる向きもあるかもしれない。が、それもまた、この場合の問題の本質をさぐるには、卑俗にすぎる見解といわねばなるまい。

殉難者たちにとっては、信仰や思想、信条は、決して他に示すためにあるのではなくて、ひたすらみずからの内なる問題として、内面の自由を得させることに結びついてあったのではないか。「真理はなんじに自由を得さすべし」の言葉をまつまでもなく、それぞれの内面の自由に即した信仰であるから、転向などすればかえってその自由は失われるだけで、したがって転向問題などはもとより論外のことであったはずである。また、神の国云々というのも、実はこうした内面における神の国をめざすことに帰着したと思う。

それゆえ、これらの人々に対して国家権力の加えた虐待や拷問、あるいは転向の強制はあまりにも筋違いであり、そのための殉難はいっそう痛ましいともいえるのである。とりわけ、玉応連のような朝鮮人青年の場合、当時の植民地住民に対する差別感の基調よりして、偏見に満ちた日本の現実社会には求めがたい自由を、灯台社の教義に見出していたのではないか。彼の身になってみれば、たとえ日本の国家からどのような干渉を受けようと、自分にとって自由を得させるものは自由を得させるものなのである。だが、国家権力は異人種に対してはとくに有無をいわさぬ圧制にでた。玉応連はその被害者であった。このことは、海外の日本の植民地支配下における異民族の灯台社信者に対する、無情酷薄をきわめた官憲の弾圧ぶりをみればいっそう明らかであろう。

たとえば、朝鮮には約三十人の伝道者がいたが、彼らにくわえられた迫害は東京でのそれよりさらにはなはだしかった。すでに一九三八年六月ごろから朝鮮における「エホバの証者」の逮捕ははじめられ、一九三九年日本における一斉検挙につづいて、朝鮮でも同年六月二十九日、京城《ソウル》の灯台社支部に属する朝鮮人エホバの証者の全員が逮捕され、同日、日本の官憲は倉庫にあった莫大な灯台社文書もすべて押収して、京城市外を流れる漢江に流すか、焼却するかして処分した。逮捕された三十人以上のエホバの証者たちは、神社への拝礼を拒んだという理由で投獄され、長い牢獄の季節を迎えることになった。そして、多くの獄死者をもだした。独立運動関係者に対する仮借のない弾圧を想いおこせば、灯台社関係の朝鮮住民に対する虐待の苛酷さもほぼ想像がつくであろうが、ある女性の信者のごときは、獄中でつねに深々とお辞儀をした姿勢のまま二年間以上も鎖で石につながれていた、ということである。

なお、東京の本部でも、後に獄死した玉応連とともに、崔容源(検挙当時二十四歳、京城中学中退)という朝鮮人青年も検挙された。彼も玉同様に官憲から日本人信者以上の無惨な体罰をくわえられながら、あくまで非転向をつらぬいて信教を守り、懲役五年の判決を受けた。五年の刑といえば、灯台社関係者では、順三夫妻を除けば、幹部のなかでも、もっとも重い量刑である。しかも崔容源は幹部ではなく一文書伝道者にすぎなかったのであるから、つまり量刑の点でも朝鮮人信者は不当に重い刑を科せられたといわねばならない。が、崔も断罪されると、あえて控訴をやめて宮城刑務所に服役し、後に獄内で明石順三と顔をあわせることになった。

台湾における高砂族住民間への伝道についてはまえに述べたが、第二次一斉検挙後、弾圧は彼ら台湾住民の信者にもおよび、そのさいの官憲の虐待ぶりを、明石順三はつぎのとおり記している。

「台湾東部海岸の僻地、池上部落その他の近接部落に高砂族男女二百七十余名の同信者があった。彼らは灯台社本部の弾圧に関連して大量検挙を受け、男子は一纏めに南洋諸島へ日本軍飛行場建設用の奴隷として送り出された。若い婦人のある者等は警官によって森林内に拉致され、素裸となして針金を以て樹木に縛され、〃キリストの洗礼の代りに俺達が洗礼してやる〃とて、バケツを以て水を浴びせられ、実に鬼畜的暴虐を加えられた事実がある」

池上部落周辺の高砂族(現、山地人)はとりわけ性質も温和である。そして彼らは、まえにもいったように、灯台社の教義が日本統治下にもかかわらず支配・被支配の意識なしに住民に内面的な救いを与えるというので、入信していたわけであろう。その善意に満ちた非抵抗の住民に、植民地の出先官憲はまるで奴隷に対するような仕打ちさえもしたのである。このように宗教・思想弾圧の場合にも、異民族・異人種に対する差別や植民地支配の問題がいっそう暗い影を落としたという事実は、とくに痛ましく、また許せないこととして記憶にとどめておかれねばなるまい。

こうして、殉教者のあいつぐ間に、灯台社そのものも、一九四〇年八月、内務大臣による強制閉鎖命令によって解散に追いこまれ、明石家の住居を兼ねた荻窪の本部の建物までも、一九四二年内務大臣命令で強制売却の処分に付された。

この強制解散のとき、当局側の手続としては、内務大臣代理たる警視庁特高部長から獄中の明石順三に命令が伝達され、灯台社の家屋の売却にも明石家の次男力や三男光雄の兄弟が立ちあったことになっているが、実際は獄中の順三は解散のことも家屋売却のこともすぐには知らされず、相談も受けず、家屋売却の件などは、灯台社関係のうちで警察の取調べ中転向したものが主となって当局の意を迎えて進め、財産なども勝手に処分して、明石家家族はまったく知らない間にすべては終っていたそうである。官憲はこのような手段で転向者と結託して灯台社の本拠を失わせたばかりか、明石家の家族までも路頭に迷わせた。そのころ灯台社再建の容疑で淀橋署に再逮捕されていた三男光雄は、家屋売却のあった直後釈放されたものの帰るに家なく、ようやく旧灯台社関係者の手づるで江東の鉄工場の住み込み工員となって当座をしのいだという。

戦時下も教義を曲げず、抵抗を止めなかった灯台社は、主宰者明石順三以下の非転向伝道者を獄中に拘禁され、組織もこの通り潰滅させられるにいたったけれども、弾圧にさらされるほど、内面の信仰、内面の自由に生きるものの決意はかたく、弾圧されることによって、灯台社自体はかえって純粋に殉教、信教の道をつらぬく契機を得たといえるのではあるまいか。

# V

# 非転向者・転向者の明暗

明石順三（65歳），1954年5月鹿沼にて

## 村本一生の獄中の反戦手記

前章で、明石真人や村本一生らの軍隊内兵役拒否につながって行なわれた灯台社弾圧と、その犠牲となった殉難者たちについてふれたが、灯台社の人々にとっては事柄はもともと宗教に属し、官憲側は国体変革の意図などとり立てて断罪しようとしたけれども、それはむしろこじつけで、本来は彼らの一人一人の内面で、さらには実践の上で、みずからの信仰が守られるかいなかが、内なる自由にもかかわってくる重要な問題であった。

それだけに、弾圧された人々がそれ以後獄中などにおいて信教に忠実であったかどうか、あるいは真理への愛を守る立場がつらぬかれたかどうか、逆に国家権力による取調べの過程で無理強いに変節させられ、もしくは論理によるなっとくずくで信条を捨て、いわゆる転向の形などとったかどうかは、各人の立場を峻別させ、それぞれの将来歩む道を決定的に違わせるほどの要因ともなったのである。

一九三九年の灯台社関係者の全員検挙の弾圧以来、それが敗戦によって解消されるまで六、七年の期間は、下獄などで身体の自由さえも奪われて受難の歳月を送った人々にとっては数限りない苦難に満ち、若い人ならばとり返しのつかぬ青春をも埋没させた、人生でくらべようもないほど重く、長い時間であったにちがいない。しかも、この期間をどのように生き抜いたかは、あとあとの人生に長く尾を引いた。とりわけ、非転向者と転向者の間には、双方がふたたび相容れることができないほどの隔絶をものこしたのである。

軍法会議で二年の刑を受けて陸軍刑務所に服役した村本一生の場合は、兵役拒否を実践するまでには時間を要し、内面的な曲折をも経たけれども、ひとたびその行為に踏みきってからは、もはやいかなる制裁にも屈しなかった。

村本は、判決後陸軍刑務所の独房に起居したが、服役するとすぐに刑務所長から半紙と筆とを与えられ、彼の思想と信条を綴った手記を書くようにすすめられた。村本は、それを所長の好意的配慮によるものと受け取って、約二ヵ月後の八月十八日、半紙百五十枚あまりの長文の『シナ(日華)事変の真相』と題する手記を書きあげた。

村本はなにも知らなかったが、その手記は陸軍省法務局通報文書として司法省刑事局に送られ、部内極秘資料として『思想月報』六十六号(一九三九年十二月、司法省刑事局)に掲載されており、当局側が「本手記は彼の抱持する思想を赤裸々に表白していて興味あり、且目下各地の検事局に於て捜査中の所謂灯台社事件の取調等に関し参考になると考え掲載した」と付記したものが現存している。灯台社の思想・教義を理解する資料さらには断罪の材料として検察当局に利用されたわけである。が、今日われわれは、この資料にのこされた手記によって、村本が獄中にあってもその思想・信条を固く守り、いささかも権力と妥協しなかったことを知ることができる。なによりも村本は、ほかならぬ軍の、それも刑務所内で自由を奪われながら、なおかつ軍のおこした戦争を批判してやまなかったのである。

『村本一生の手記』は、冒頭から、対中国の戦争に反対し、このような戦争は日本の前途を危険に陥れるものだと警告する。以下手記によってその論旨をたどると、蘆溝橋事件を発端とする日華事変はいまや戦線拡大を重ねる一方であり、事変のため諸外国の対日感情も悪化し、国際的にも日本は孤立無援の状態に陥った、しかも、このむずかしい局面について、民衆はなに一つ知らされないまま、いたずらに感情的刺戟的な軍部の宣伝文字を羅列満載する報道などによって戦争へ駆りたてられ、巷には殺伐な軍国絵巻がくりひろげられる。政府は、中国大陸に新政権を樹立してその政権と提携して東洋に新秩序をつくり、東洋の盟主となって日本精神で指導するなどといっているが、そんなものは、事変が予期以上に拡大したのであわててつくりあげられた無責任きわまる応急標語である。「かかる誤れる指針によりて導かれ、戦争へ戦争へと狂うがごとく盲進する日本の先途こそまことに危きかな!」村本は日本の現実をみて、危険と叫ばずにはいられない、と書いている。

第一、この事変は、戦争としての大義名分もまことに不分明で、なぜ日本が戦争をしなければならないかという理由が、国民にはまったくわからない、戦争勃発の原因すらわからない。では、なぜそんな戦争がはじめられたのか。結論的にいうと、灯台社の教義からすれば、日本が戦争へと駆り立てられる背後には、ひとつの悪霊とも名づけるべきものに支配される地上の悪の体制があるのであって、それが何であるかはしばらくおき、現象的にみると、その支配のもとにドイツのヒトラーのナチスや、イタリアのムソリーニのファシストの独裁がはじまり、日本においても形はちがうがファッショ化の潮流がつくられて、知らず知らず悪の体制にくりこまれ、不幸な戦争へと追い立てられ、国家も自滅の方向への足どりを早めるにいたっているのである。

ここで、村本の手記はドイツやイタリアでナチスやファシストの独裁支配がどのような過程を経て実現したかを、つぎのように段階づけて説明する。

一　社会不安が増大するにつれて共産党の勢力がつよまり、議会における議席もふえると、〝悪〟の支配層によって輿論操作が行なわれ、無産党の脅威が国民に吹込まれる。

二　一方、ファッショの反動勢力が養成される。

三　時期をみて無産党への資金供給源が絶たれ、逆に反動ファッショへの豊富な資金供給がなされる。

四　国民の反動化の波に乗ったファッショは多額の運動資金とあいまって急激に勢力を拡大し、急速に萎縮した無産党をひと思いに潰滅させる。イタリア共産党もドイツ共産党もこの方式によって顛落させられた。とくにドイツではナチスが国会議事堂に計画的に放火し、その責を共産党に帰するというやり口で一挙に葬りさってしまった。

五　悪の体制下の報道機関はこの反動ファッショの指導者たちを〝救国の英雄〟と讃美・宣伝させられる。ヒトラーもムソリーニもこうして〝つくられた〟英雄にすぎぬ。

六　しかし衆愚化されている国民は〝つくられた輿論〟に無条件に服従する。国民は〝英雄〟を批判する能力もなく、独裁者の登場させられたからくりも知らない。

七　政府もまた、こうして登場させられた反動勢力に対してはまったく無力で、やがてその政権を投げだして憐憫を乞わざるを得なくなる。

ドイツやイタリアではほぼこうした順序でファッショ化が行なわれたが、ひるがえって日本の状況はどうであろうか。手記はいう。日独防共協定の締結(一九三六年十一月)や日独伊防共協定の締結(一九三七年十一月)などによって、日本がすでに政治的、軍事的、外交的、経済的にファッショ・ブロックのなかに捲き込まれてしまったことは周知の事実であるが、ここにいたるまでに、軍部将校による〝直接行動〟と称するテロ、すなわち五・一五事件、相沢中佐事件、二・二六事件、さらには〝天皇機関説事件〟などの一連の事件は、日本がぬきさしならぬファッショ化の泥沼に踏みこんで行くのを示していた。なかでも、東京市民はじめ全国民を不安と恐怖に陥れた二・二六事件を契機として、政治・経済の面でもつぎのような情勢転換がみられた。

一　旧財閥系統の重臣ブロックの決定的崩壊とそれに代る新興ファシズムの台頭、および旧財閥の萎縮とカトリック系新興財閥の躍進。
二　軍部内における穏健派の後退と〝日本主義〟と称する急進ファッショの制覇。
三　政党政治・議会政治すなわち立憲政治の実質的没落。
四　その他あらゆる方面におけるファシズム原理の採用。

こうして加速度的に日本のファッショ化は進み、もはやファッショ的人物にあらざれば総理大臣たり得ずとの不文律さえもうち立てられてしまった。二・二六事件で新聞社が襲撃されて以来、新聞論調や言論機関も大転回させられた。「この所謂〝日本主義〟〝国粋主義〟と名付けられたファッシズムへの日本の転向は果たして日本に益をもたらすのであろうか？　否！」（『手記』）

手記は、日本の国民はすでにこうした問題には沈黙を強いられてしまっているが、エホバの証者たるわれわれは黙っていない、と論述を進める。ここでうちわっていえば、ファッショ化を進めた悪の支配の正体は、神とキリストの敵なるものであるが、ファシズムもそういう悪の体制に企まれた悪霊の所産である以上、人間を幸福にするものであるはずがない。ファシストはみな殺人狂、悪鬼的精神の所有者である。そして、日華事変の背後にも、ファシズムの悪意と、戦争で利益を得る資本家の両方がいる。そういうものに駆りたてられてのいまの戦争、日華事変――。自分(村本)は、憲兵隊で取調べられているときたまたま体制の御用学者らの名で「共産党が日本と中国を戦わせている」と書いたものをみたが、その宣伝のなんと悪辣なこと、美濃部教授ではなく「かかる者をこそ〝亡国不遜の学匪〟というべしだ」(『手記』)

中国の蔣政権の背後には英米資本家やカトリック宣教師がついていて「徹底抗戦だ」と戦火に油を注ぎ、日本の裏へまわってもそんなことをいって煽る。火はどこまでも大きくなる。あげくに日本の為政者がいうように、「日本は中国の新政権と手を携えて大陸新秩序の建設に邁進する」などということができるであろうか。決してできない。なぜなら日本はまえに「中国に領土的野心なし」と言明した。それでいて「大陸新秩序の建設に邁進」しはじめたりしたら、諸外国はかならず日本の過去の言明を楯に食ってかかってくる。ローマ法王庁はじめ英、米、仏、ソ連など世界の諸国が一斉に起って日本に対し威嚇、脅迫、恫喝を開始する。満州事変以来世界の憎まれ者となった日本を彼らはどこまでもいじめぬくだろう。むかしの三国干渉どころではない。中国大陸からほうり出されるのは無論のこと、満州からも追いだされる。「あるいは日本が過去多くの貴重なる血で闘い取った植民地、新領土の返還要求も当然くるかも知れない。そんな時になって、しまった、ファッショにだまされて戦争なぞやるんじゃなかった、と悔んでも後の祭だ」(『手記』)

このように日華事変の背景を論じた村本は、手記の最後でくりかえし訴えかけるように警告する。

「私は勿論かかる悲惨な運命が日本を見舞わないように心から熱望する。それはあまりにも悲しきことであるからだ。然れどもいかに私が熱望しても、かかる形勢が刻々に明らかになりつつあるに至っては、声を大にして警告せざるを得ないではないか。(中略)嗚呼多難なるかな日本の前途よ。見渡せば奥地に逃避して徹底抗戦を絶叫する百五十万のシナの大軍あり、子供だまし的宣撫工作などではとても追付かぬシナ民衆の徹底的対日憎悪あり。新政権(注、中国共産党のこと)の続々成長するあり、諸外国の圧迫日に日に募り来るあり。嗚呼危きかな、日本の前途よ。たたかいを続行せんがためには是が非でも尨大なる戦用物資を獲得しなければならぬ日本。然も金属、燃料、ゴム、化学薬品原料、皮革、被服原料等々殆どすべての戦用物資を否米塩等の食料品の大半をさえ英米その他の諸外国に仰がねばならぬ日本。そしてその戦費調達のための悪性インフレーションによる貨幣価値の暴落を防止するために、僅かに、金総動員半強制的貯蓄奨励による通貨回収、輸入制限による輸出増加等により何とかして円の対内外信用を維持して行かねばならぬ日本。然れども収入は有限であり支出は殆ど無限に近い。而も未だ自己の現実に眼ざむることなく、必滅の舞踏を踊りぬかんとしている日本。祖国日本よ、汝は果たして何処へか行かんとする?」(『手記』)

——村本一生の獄中手記は以上のように論じて終っているが、独房でまったく資料なしに書かれたにもかかわらず、『黄金時代』など灯台社文献からの精しい引用もあり、日本とカトリックとの交渉の史実などについてもふれている。村本が、聖書の〃なんじ殺すなかれ〃の教えを忠実に守ろうとして、人殺し用の兵器を拒否したことからすれば、その獄中手記もさだめし、灯台社のキリスト教教理を神学的に論じて行為の正当化をはかろうとしたものであろうと想像されるのであるが、実際の内容は思いのほか現実の国際情勢や軍事的な状勢をも論じ、ファッショを発生過程から具体的に分析して批判し、日本に生まれたあたりまえの日本人として国の将来をも憂えている。

しかも、そこに述べられたことが正鵠を射ていることは、戦後ようやく真相の知られた昭和史、十五年戦争などの事実に照らしても明らかであろう。

すくなくとも、このような村本の論述をみるとき、灯台社事件を担当した司直が、灯台社関係者を邪教を信ずる頑迷な異端の〃非国民〃として印象づけようと努めたのは、悪意にみちた見当ちがいであることもわかるであろう。実際、村本一生の手記が書きあげられたのは、一九三九年の八月の時点であるが、そこですでに、それから六年後ポツダム宣言を受諾せざるを得なくなった日本の敗北の諸相はきわめて適確にいいあてられている。村本の言葉どおり、日本はすべての領土を失うことになり、世界に向かって降伏したのである。それぐらいのことは当時予知していたという人も知識人などのなかにはいるかもしれない。しかし、たとえば明石順三と在米中同時代に記者をした清沢洌なども、帰国後自由主義の評論家として活躍しはしたが、村本がこの手記を書いた時代(日華事変後)には、これほどまでに具体的な軍部・ファッショ批判はおろか、それを示唆することさえも公《おおや》けにはできなくなっていたのである。

そういう言論圧殺の時代に、村本がほかならぬ当面の批判の対象である軍の、それも刑務所に服役しながら、なお敢然とこれだけの戦争批判、軍部・ファッショ批判を直言した手記を書きあげてつきつけたということは、なんとしても高く評価しなければならないであろう。

なお一言すれば、村本が手記の文中で示した、ファッショやナチスの発生過程の分析や、二・二六事件前後の日本の情勢変化や、国際情勢などについての記述は、彼が灯台社で親しく明石順三に接していたころ、その機関紙の記述で読んだり、直接順三からきかされたりして知ったことを基調としている。したがって、村本の手記はまた、明石順三のそうした問題についての良識度を示すひとつの尺度ともなろうかと思う。

村本一生が、軍刑務所に服役した後もその思想的信条を変えず、人間的にも自分の内面のものを守って崩さなかったことは、右の手記によっても察知されよう。ところで、軍隊内では刑務所に服役中の兵といえども、つねに戦争に動員できる状態に保っておくためか食事などの給与はさして悪くなかった、とまえに記したが、制裁もなかったということではない。とくに村本のような非転向の服役兵に対してはそれは厳しかった。

村本は、服役後も宮城遙拝のときに頭をさげることを拒みつづけた。以前はなぜか懲罰を免れたこの行為も、刑務所内ではみのがされなかった。たとえば、服役後二年目の一九四〇年はそのころのいわゆる〝皇紀二千六百年〟の祝典の年にあたり、二月十一日の〝紀元節〟には、受刑中の兵たちも刑務所の庭に整列して宮城遙拝の儀式を行なわせられた。そのとき、村本が頭をあげたままで立っていると、彼はたちまち監督の下士官にみつかってさんざん殴打された。それでもなお彼が自分の行為を非と認めないと主張すると、両手を背中に緊縛された状態で暗い懲罰小屋のなかに監禁され、度重なる殴打と、塩と麦飯と水だけの食事という減食処分と、戸外運動禁止という制裁が二ヵ月もつづけられた。

服役期間中、転向というか、銃器返納の申出を撤回して軍務に戻るように翻意せよ、と所長に迫られたこともしばしばあった。が、彼が頑なにそれを拒みつづけていると、「いつまでもそのようにしているなら、教科学校送りにするぞ」と脅かされもした。教科学校というのは、陸軍刑務所でも〝改悛〟の認められなかった刑事犯などの前歴者を矯正するために姫路に設けられていた軍機関で、そこでは兵は逆さにして吊り下げられたり、竹刀で突いたりぶちのめしたりの拷問も行なわれるときかされていた。終いにはほんとうにそこに送られることになるかもしれない、と村本も覚悟はしたが、兵役拒否の決心はひるがえさなかった。

ただ、刑務所内の制裁は、特高の拷問のように、それ自体を嗜虐的な楽しみの対象とするようなところはなく、兵をつねに戦闘に耐える状態におくという、軍の一面合理的な、実利的な考え方のせいか、村本は後に民間の刑務所に下獄してからほどひどい虐待には会わなかった。さまざまな独房での軽作業のかたわら、古事記や国体に関する本も読まされたが、村本はそういう読書の強制によってみずからの思想に変化を来たすなどということもなくすごした。

のみならず彼は、自分が兵役拒否をなし得たのは神の恵みだったのだと信じずにはいられないような事実をも、軍刑務所内で知った。受刑者は『刑務所新聞』という回覧紙をみせられたが、そのなかにたまたま、一九三九年五月から八月にかけて満州のノモンハンでソ連軍との間に戦闘が行なわれ、第二十三師団の将兵が大量に戦死したという記事がでていた。村本はそれを読んだとき胸を衝かれたような気持になった。二十三師団というのは、ほかならぬ彼がハイラルで所属していた部隊である。もし彼が銃器の拒否をして軍法会議にかけられ、陸軍刑務所に服役するようなことがなければ、一九三九年三月には伍長になってハイラルの原隊に戻されたはずで、当然ノモンハンの戦闘にも動員されて、戦死していたかもしれないのである。その運命を免れたのは、神の恵みだとしか彼には思えなかった。このようなことからも、彼の内面の信仰は刑務所内でかえっていよいよ堅固になり、信教による兵役拒否の立場を崩さなかった。

二年の刑の終りが近づいたころ、刑務所長(年配者の尉官だった)は村本を呼んで、「お前の刑もやがて終るが、軍人である以上は原隊に返される。そこでお前はふたたびおなじこと(銃器拒否)をするつもりか」とたずねた。村本が無論そうだとこたえると、「また刑務所にぶちこまれるぞ。こんどは一生出られないかもしれないぞ」と所長は脅した。しかし、村本は「聖書に、明日のことを思いわずらうことなかれ、とあります。そうなったらまたそのときのことです」と平然としていた。「また聖書が出てきた」と所長は苦笑した。

そんな所長との対話があってからまもなく、一九四〇年十一月ごろ、二年の刑期に満たないのに、思いがけなく村本に釈放の内示があった。刑務所内での起居・挙止はともかく、兵役拒否の立場をかえない彼が模範囚であるわけはない。したがって刑期の短縮は考えられないのであるが、満州における彼の補充部隊の原隊が召集解除になるので、服役中の彼も刑務所内で召集解除となって釈放されるわけなのであった。これも軍隊の形式的な事務機構のあり方を示す一つの事実であるが、村本はこのためその月の下旬に一旦民間の豊多摩刑務所に移されたうえで、二十日後の十二月十六日出所釈放された。出所の日、灯台社関係でたった一人順三の三男の光雄が出迎えにきていた。

これで村本は一応自由の身になって郷里の阿蘇に帰ったけれども、実際には家に戻ってからの彼のまえに、陸軍刑務所におけるよりもかえって苛酷な憲兵、特高思想警察、民間刑務所などによる迫害が待ち受けていたのだった。

まず、釈放の翌年一九四一年八月、熊本市における補充兵の簡閲点呼のさい、村本がかねてのキリスト者としての信仰にもとづいて宮城遙拝（当時はほとんどどんな行事にもついて回る儀礼の一つだった）を拒否すると、臨場の憲兵の伍長と上等兵の二人が、村本につき添ってきていた父親の面前で、彼に対し一時間半にわたって殴る蹴る投げるなどの暴行をくわえ、ついに半死半生の状態にいたらしめた。医師である村本の父はおろおろして止めに入ったが、憲兵はその制止を無視して暴行をつづけた。意識を失って営庭に放りだされた息子を父はしかたなく宿につれ戻って手当し、無惨に傷ついたわが子を涙をたたえて長いこと抱いていた。ようやく正気にかえった村本に対して、父はなにをせめることもしなかった。村本はそのときほど親子の心の通いあうのを心底から味わったことはなかった。ふと「転向すれば父をこんなことで苦しめないですむのかもしれない」と思った。しかしすぐにまた「こうして拒否をつらぬくのも、ほんとうは父のためでもあるのだから」と、じっと心のなかで耐えていた。

そうした事件もあったあげく、彼はその年（昭和十六年）の十二月一日、灯台社再建の罪を問われて熊本県下で田辺トミ（後獄死）、寺井幹彦（翌年九月獄死）とともに検挙された。実際には再建運動などしたわけではなく、旧灯台社関係者と手紙のやりとりをしただけのことであったが、ひとつには予防拘禁をも兼ねて、そういう名目で官憲側は彼を検束したのである。村本は熊本の警察で留置取調べを受け、長い拘置生活の後、太平洋戦下の一九四三年(昭和十八年)熊本地裁において、治安維持法違反で求刑通りの懲役五年の判決を受け、熊本刑務所に下獄することになった。

この地方刑務所での、兵役拒否者・思想犯たる彼に対する取扱いぶりも言語道断であった。一例をあげると、一九四四年十二月の厳冬のある日、〝非国民〟を理由に、看守部長ほか十数名の獄吏は、彼を裸体にして後ろ手に縛りあげ、水浸しのコンクリートの床上に仰臥させ、鼻孔からバケツで水を注ぎ入れ、気絶すれば手当をくわえて蘇生せしめ、蘇生すればまたしてもおなじ拷問をくりかえした。このような虐待の連続と、長らくの拘禁生活のため、村本は腰その他に悪性の神経疾患を病むようになり、便器に腰かけるとあとは腰があがらないまでになった。すると、それを理由にしてふたたび暴行が加えられる。坐骨神経痛はその後長く彼の持病になった。

しかし、これほどの拷問、虐待、暴行を受けはしたが、村本自身は戦時下の獄中の体験をふりかえって、「自分としてはどんな目に遭わされても、やりたいようにやらしておけという気持になっていました。無論不快きわまりないことでしたけれども、不思議なことに、殴られても蹴られても、もう痛いとも感じなくなっていました」と述懐している。こうしたことは、信仰に生きたものでなければわからないことかもしれないが、このような信念に支えられ、内心の核をもつことによって、大戦下弾圧も日ましに厳しくなるなかで、なおも戦争および兵役拒否の立場はつらぬかれて行ったのである。

## 明石真人の場合

一方、村本とおなじ日に三年の刑を受けた明石真人も、同時に陸軍刑務所で服役しはじめた。真人の場合は、入隊早々にためらうことなく銃器返上をし、順三の長男でもあって、灯台社の伝道者としての経歴も長いので、村本より思想的にもいっそう根づよいとみられて、刑期も一年長かったのかもしれない。

渋谷宇田川町の陸軍刑務所内では、村本も真人も独房暮らしであったから、どちらかが廊下を歩いて行く姿を室内から見かける以外は、互いに顔をあわせたり、口をきいたりする機会はなかった。しかし、例の〝皇紀二千六百年〟の祝祭日に、服役兵全員が庭に整列させられて、宮城遙拝の号令がかかったとき、真人もまた頭をさげずにつっ立っていると、向うで村本がやはり頭をあげたままでいるのがみえたそうである。

真人もその遙拝拒否によって、半坪ほどの小屋に、両手を縛された状態で、塩と水と麦飯だけしか与えられずに閉じこめられる軽屏禁という懲罰に付された。ただ、真人の話では、この間も軍医による診断を受け、入浴もしたから、とくに虐待を受けた印象はなかったという。刑務所側の対応の仕方が、このあたりから村本の場合とはすこしずつ変わってきていたふうにも見受けられる。たとえば、村本は独房に監禁されたまま使役などにも出されなかったというが、真人はいろいろな使役に出されて、やがては刑務所内図書室の図書係の仕事をするようになった。寝起きだけは独房でするが、昼間は図書室で貸出しや整理の仕事をしつつ、本を読んですごすことができたわけである。おなじ服役者のなかでは待遇はよかったとみなさねばなるまい。しかも真人は、〝宮城遙拝拒否〟もしたというのに、〝紀元二千六百年〟の十一月十日の祝典日付の恩赦で六ヵ月減刑の恩典にも浴した。一方の村本が非転向を責められつつあるときに、真人はなぜ減刑をもかちうるにいたったのか。

ひとつには、真人は年少のころから伝道の実践に入って他人の間にまじり、地方伝道の苦労もして環境に対する順応性が強く、その点村本が寡黙で人づきあいも悪くて刑務所側の受けもよくなかったらしいのとは逆に、軍属の刑務所看守などとも急速に親しくなり、自然と好遇を与えられるようになったこともあるであろう。が、より直接には、服役中に真人が転向の気配を濃くしたことに原因があったのではないかと思われる。

この点は、真人自身も認めていて、彼は図書館勤務の間に、二・二六事件の被告たちの書きこみなどある古事記や日本書紀、さらには徳富蘇峰の近世日本国民史といった本を読んで、これまで知らなかった世界への目を開かれたように思ったという。つまり、聖書の世界を離れて、日本の歴史を考えてみる気になったというわけである。古事記、日本書紀などの古典や蘇峰の国民史といった類の本は、そのころ左翼関係者の転向用に獄中では必読書となっていた、いわば〝官許〟の書で、戦前・戦中のいわゆる転向手記をみても、たいてい「日本の古典や近世日本国民史、その他の修養書を読んだ結果、いままで自分の正しいと信じてきた運動の誤りに気づき、心機一転云々」というような行文が入っている。真人の場合もそれとおなじであった。こうした点も、村本が中学、高校などで日本史のみならず世界史なども学んだのちに聖書の世界に心のよりどころを求めて、獄中でいまさら古事記など読まされようと、思想・信条のうえで微動だもしなかったのとは、まさしく歩みを逆にしている感じがする。

そして、事実真人はその後獄中で転向を表明し、一九四一年十一月三日仮出所を許されたとき、銃器返上のかつての申出も撤回して、軍務に精励することを誓って世田谷の原隊に復帰するにいたったのである。

しかも、彼は陸軍刑務所を出所するにあたり、自分の転向とその理由を明らかにした手記をわざわざ文書の形にして、当時未決のものの多かった旧灯台社関係者たちに郵送することにまで同意した。当局側は、その手記を灯台社関係者の転向促進のために利用しようとして送付をすすめたのであろうが、前記村本一生の非転向手記とは効用の点でもまさに逆の使われ方をしたことになる。なお、この明石真人の手記も、当時の官憲資料に全文掲載されているので(『思想月報』八十九号、一九四一年十一月、「元灯台社員明石真人の手記」)、一応それを参照しながら真人の転向の経緯を記しておこう。

真人は右の手記のなかでいう。自分はこれまでエホバの証者と自称して、国家に対する義務も責任も人間的な名誉も権利も、現世に生活するということも否定してきた。しかしながら、己れを現実の世界から隔離させて、自分のみ精神的満足を得ようとするのは、自己中心の独善主義である。自分はその点にきづかず、聖書信仰という夢のなかに眠っていたのだ。とりわけこの迷夢から自分を目覚めさせたのは、「父順三がルサフォード(ラザフォード)の説に反対して独自の教理を案出して居るとの知らせ」(『手記』)であり、それを知った瞬間から灯台社の教義に対して、もはやなんの魅力も興味も希望も感じなくなってしまったのである。

元来自分の信仰は「死に対する恐怖とか現社会に対する不満とか人生的煩悶とか他宗教に対する不満より発したるものではなくて、無智な子供の時代より父がその信仰的立場から教育した結果有するに至ったもの」(『手記』)である。父を前提としての信仰で、決してみずから欲したものではない。その父は聖霊によって感じたと称して「現日本の国体が崩潰した後神の国は日本に建設される」といい「ハルマゲドンは来ないことになった」といっているとのことであるが、聖霊に感じて教義を唱えるなどは、聖書を絶対的のものと認めている灯台社の教理の基本に背くことではないか。

それでなくても灯台社の教義には矛盾点がいくつかあるように思う。第一に、完全なる神が人間を罪を犯すべく創造したというのもおかしくはないか。創世記の伝説の記録を現今の世に適用するなどぜったいに不可能であろう。第二に、灯台社は全人類の希望だとする「神の国」の具体的構造を示していない。かりにその教説を信じて、神エホバのまえに歩む者はハルマゲドンのとき神に保証され「神の国」で永遠の生命を与えられるとしても、現実にこの教義を知るものは数すくない。とくにシベリアや蒙古、西蔵《チベット》など灯台社が伝道に行ったこともない方面の住民は、なにも知らずに神に撃滅されてしまうというのか。だとすれば不公平な神ではないか。また、灯台社はよく〝光が変った〟と称してその教義に変更をくわえていたが、全能の神ならば一度口から出したことに変更をくわえるはずはない。要するに灯台社の信仰は、ルサフォードという人間が聖書をひねくりまわして都合のいい教義をつくりあげたものによっていたのだ。このようなものを真面目に信じるなど愚かしいことである。きくところによると、父は「光が元のように変ってきた」といって、その信仰に変化を来たしているそうであるが、それも以上のような矛盾点を妥当化しようとしたものかもしれない。しかし、いずれにせよ自分はもはや聖書をもって絶対的なものと認めることはできなくなった。

ましてわれわれは日本人である。最も正しく生きるためには完全な日本人としての意識をもつことが必要である。「日本の偉大さは実は一君万民の世界無比の国体があるからである」(『手記』)。その国体の観念のないところから「天皇機関説という日本人としての直感に乏しい理屈が飛び出して民心の激昻を買うような醜態を演ずるに至るのである」(『手記』)。古事記や日本書紀を読むと、原始日本人の国体に対する偽りのない感情の記録として実に貴重なものであることがわかる。この古典の国体観を生かすことが日本人の責務であろう。自分はいま真の日本人に復活し得たことを幸福に思う。今後は「皇軍の一員として最善を尽してこの罪深き一身を天皇陛下に献げ奉り国家を守護すべく清く死ぬ心算りであります」(『手記』)

真人の「転向手記」の要旨は以上のとおりであるが、一読して、まえには銃器を返上し、宮城遥拝をも拒んだ人の、あまりにはなはだしい変貌という感じはいなめない。どうしてこのように極端な転回がなされたのであろうか。まえにいったとおり、いわゆる転向手記では、日本の古典などを読んだことを契機として国体を讃美するにいたったと記すのが通例となっており、その点では明石真人の手記も軌を一にしているが、彼の場合にはとくに聖書や灯台社文献のみに親しんだものが古事記や日本書紀に新しい典拠を見出したとして、あまりにも安易に無造作に唯々諾々と乗り換えたという印象が先に立つ。転向がなされたことをただちに批判するのが趣旨ではないけれども、ここで真人によって理解されている国体思想なるものは、当時の国家主義的な風潮におもねる人々によって極度に崇高化され、美化され、それをまた国家権力の側が国民をもっぱら戦争に駆り立てるための〝官許の思想〟として、戦死などを美化する意図をもともないながら巷間に流布した通俗的見解にすぎないものである。もともと灯台社の教理は、客観的にみて、そうした一国偏重の思想の流布をも含めて支配層の悪意を批判し、聖書の普遍的な真理と認められるものによって、人間社会一般の永続的な平和を見出そうという思想であり、そこから銃を捨てるという行為も生まれてきたのではなかったか。

同時に、宗教が本来内面の自由を得させるためのよりどころであるという、根本的な問題も忘れ去られている。皇軍の一員として銃をとるというとき、内面の自由や永続的な平和の希求などの次元を平然と離れて、たんに銃をとることを可とする世俗の機構に無条件に身を委ねるという姿勢しかないのではないか。その点は、真人自身手記のなかで、自分の信仰は父に与えられたものであって、本来的な宗教上の欲求から生まれたものではなかった、とことわっているが、それならばもはや次元のちがう世俗国家の観点から灯台社教義について云々することもないのである。

まえの村本一生の手記とこの明石真人の手記をくらべるとき、具体的に同一の問題についてみると、際立って相反する見解が述べられているのにもきづく。たとえば天皇機関説についても、村本は、美濃部博士ではなく「共産党が日本と中国を戦わせている」などというものこそ亡国の学匪だ、といい、真人のほうは世俗に口をあわせて天皇機関説を非日本人的発想だという。村本は日本人として戦争に狂奔させられて滅亡に向う日本を憂え、真人はその戦争のために軍人として銃をとろうという。このような差異は、非転向・転向の立場の相違のほかに、宗教と世俗国家という次元のちがう二つの世界に相別れたことによっても生じたのであろう。

それはともかくとして、真人が灯台社の信仰から離れるにいたった直接の動機としてあげている「父順三がルサフォードの説に反対して独自の教理を案出している」云々の言葉には、さらに問題があるであろう。実はこの点については、当時の東京地裁検事局の担当検事も『明石真人の手記』の前書として、「同人(真人)の転向は父順三の転向を前提とするものに非ずやとの疑念を抱かしむるものあるも、明石順三が転向せる事実は全くなく、〃ルサフォードの説に反対して独自の教理を案出して居る〃とは、同人が今日受け居る重大なる黙示なりとして神が新しきエルサレムの建設地として予定し居るは、此の日本の国土特に現在に於ける東京付近にして、将来東京付近に神の都が建てられイスラエル王国の都として永遠に全世界を支配することとなる等、ルサフォードの説くところと全く異なる独自の説を為し居るを指すに非ずや」と説明している。

ここで真人が知ったという父順三の獄中での新見解なるものは、当局側によって一九四一年の秋の初めごろ文書の形で他の獄中の灯台社関係者に配布され、陸軍刑務所内の真人や、すでに出所して熊本に帰っていた村本の手許へも届けられた模様である。ただ、この文書は従来官憲側資料中には発見されず、検察当局者が記しているような字句があったかどうかを原文で確かめることはできなかったが、当局の手で配布されたとすれば、その文書に灯台社の教理を以前のままの言葉で記述することはまず不可能であったろうし、場合によっては官憲の側の恣意的な表現によって順三の真意が歪められた可能性もある。

その点について、順三の手記とされる文書を配布された村本一生と隅田好枝の記憶によれば、ともに「表現に苦心しているあとはみえたが、内容的には従来の教説とすこしも変っていないのが読みとれ、獄中でもパパの信仰はゆらいでいないのがわかって心強かった」ということであり、これに対して真人は「転向とはいわないまでも転進のあとがみられた」という。かんじんの文面の細部については三人とも記憶にとどめていないので疑問はなおのこる。

しかし、順三の思想に変化があったかどうかを知る手がかりのひとつとしては、一九四〇年(昭和十五年)八月九日付で、検事局における十九回目の最終検事聴取書に、順三が当時の心境と将来の方針を語った陳述書が付されているのが記録(『思想資料』パンフレット、司法省刑事局極秘、一九四〇年十一月)にのこっている。そこで順三は、

「聖書の御言に絶対に信頼を継ぎ、クリスチャンたる立場に於て一点悔なき歩みを今日まで

続け得たる事を神とキリストに感謝しております。今後私の使命の何であるかに就ては、もとより神の御思召によるものであるが、現在の立場としては既に神の国の証言は前に申したように全世界各国に行きわたったものと認め、日本に於いても既に上下各層に対して充分徹底したものと考えられ、(中略)此の理由により証言の舞台は既に閉鎖となり、次の第二幕がいかなるべきかに就ては、過去一年余の拘禁中私は自分の記憶せる聖書を整理熟考して、新たに示されたるものがあるのでありますが、これは〃天機洩らすべからず〃の字義通り、ただ今すべてを申上げる事は許されて居りませぬ」

と述べている。この順三の言葉でみるかぎり、彼は依然として聖書に忠実なことを誓っている。弾圧はこうむってもこれまでになすべきことはした、任務は一応終ったとする自負とともに、当局のよけいな追求を避ける配慮はしながらも、こんごの方針をあくまで聖書の真理によってきめようとしていることがほのめかされており、その信教や思想の基本は変わっていない。

いまひとつ、一九四二年四月の灯台社事件一審の第三回公判で、裁判長が教義上変化があったかどうかをただしたのに対し、順三が直接こたえた法廷の問答が『昭和十七年中に於ける社会運動の状況』につぎのとおり記録されている。

**裁判長** 被告は検挙後イエスの再臨悪魔の悪霊者の問題に就て考えを変えた様だが、神から直接示されると云う真理が斯くも変るのか。

**順　三**　現在到達したのは其の日私の心に与えられた真理です。前の真理を否定する訳でもありませんし、また変った訳でも有りません、益〻新しい光が増し加った為に私が斯く考える様になったのであります。而も私が検挙後に於て天災的な事象が続々起りつつあります。例えば気候の不順、昨年度に於ける兇作等は神に依る日本に対する無言の警告です。此拠に於て現在の日本は一日も速に悔い改めなければ滅亡あるのみです。私は今日まで妻や子供、家庭を犠牲として正義の戦をして来ました。唯一の神に対し地上に於て私が為すべき任務を充分なして来ました。預言の成就は必ず近い将来に来ます。再び私は此の法廷に於て愛する日本国民に警告を発する次第であります。

**裁判長**　聖書を読む場合には其の前に国民的感情を基礎として読むべき修養の書ではないのか。

**順　三**　絶対に私はそう考えていません。聖書は人類に与えられた神の啓示の書です。国家等を考える余地はありません。

**裁判長**　被告は先程新しい光が増し加わって真理上考えが変って来たというておったが、然らば将来其の真理が日本の国体に添うように新しい光が加えられるようになるのではないか。

**順　三**　絶対にそうはなりません。現在の光が最後です。

——念のためにいえば、この公判は真人が父順三の思想に変化ありとして手記を書いた後に行なわれたものである。そこで順三が述べた右の信条をみれば、〃前の真理を否定するわけでもなく、考えが変ったわけでもない〃という彼自身の明言にまつまでもなく、その根本的な思想・信教の立場に変化を来すどころか、依然として戦争国家の現状に対する強い批判を法廷において投げかけていたのがわかるであろう。

かりに順三の文書に示した教義にラザフォードにない字句があったとしても、初期灯台社文献などでラザフォードの著述を翻訳するにあたって、順三が必ずしも字句そのものにこだわっていなかったことは、第二の章ですでに述べたところである。とくに第一次検挙以後の『黄金時代』などの諸論は、順三がワッチタワー思想の根本的把握のうえに立って、ほとんどオリジナルに書きおろしていた。実情がそうであってみれば、いまさらラザフォード文献との字句、用語の相違を以て、順三の述べる教理が、灯台社元来の立場から転進・逸脱したとするのは、早計ないいがかりではあるまいか。なによりも、そのような教義上の変化を云々する以前に、真人自身すでに内面的な宗教の世界そのものを離れて、国家体制に無条件に身を委ねる立場に変わっていた点が問われるべきではなかったろうか。

原隊に戻った真人は戦車隊に入り、一等兵で帰還した。なお、真人が陸軍刑務所に服役していたころ面会にきていた弟の力は、兄のすすめで軍属となり、結果的には南方に送られて戦病死した。戦時下非転向をつらぬいた父順三は、転向した長男と戦後になっても会おうとはしなかった。こうしてその後一九六五年の順三の死のときまで、この立場の相反するにいたった父と子はついにふたたび会うこともなく終ったのである。

# VI　つらぬかれた非戦の立場

左から村本一生、明石（隅田）好枝，順三未亡人静子の人々．1969年10月鹿沼の明石順三遺宅前にて

## 一億対五人の戦い

明石順三が、検挙後の獄中の虐待にもめげず、あくまで非転向をつらぬいたことは、前章に一部紹介した一審の第三回公判(一九四二年四月九日開廷)における最終陳述で、被告席にひさしぶりにならんだ夫人の静栄、隅田好枝、それに二人の朝鮮人青年崔容源(日本名、佐野要三)、玉応連(日本名、玉井良介)の灯台社の同志四人とともに、非転向の心情を披瀝した言葉によっても明らかに立証される。その順三ら五人の発言を裁判記録はつぎのように示している。

(被告明石順三に対する審理を打切り他の被告明石静栄、崔容源事佐野要三、玉応連事玉井良介、隅田好枝の出廷を求め、氏名点検の後)

**裁判長** 今後以上五名の被告の審理は一括併合して審理する旨宣告。(検事の論告を求む)

(検事論告求刑。注、明石順三は無期、明石静栄は懲役六年、崔及び玉は懲役五年、隅田好枝は懲役四年の求刑だった。)(次に上田弁護人の弁護を求め、上田弁護人一応の情状論を述べ減刑方を請願したる後)

**裁判長** 隅田好枝何か言う事は無いか。

隅　田　何もありませんが、只今弁護人からお話があったようにハルマゲドンが恐しくて灯台社に入ったのではありません。正しい真理であるから信じてきたのです。

裁判長　明石静栄はどうか。

静　栄　別にありませんが、聖書に述べられた今までの預言は全部成就しております為に、この先約束された預言が成就されないという訳はありません。真理は常に正しいのです。転向して悪魔とはなれません。

裁判長　佐野要三はどうか。

佐　野(崔容源)　別にありません。

裁判長　玉井良介はどうか。

玉　井(玉応連)　別にありません。

裁判長　明石順三はどうか。

順　三　私はここで特に申上げたい事は、私は今まで法律に触れるような行為をやって来たとは思いません。即ち聖書は公刊書でありまするし、この聖書に基いて私が発行した出版物は全部当局の検閲を受けております。私が今までやって来た事は、すべて合法的な方法手段を採って来たのです。然るに其の方法手段が悪いと言って、いまさら法律に触れるという事は私には考えられません。そして私が今まで申上げた真理は神の言葉です。絶対に間違いはありません。現在、私の後についてきている者は四人(注、明石静栄、崔容源事佐野要三、玉応連事玉井良介、隅田好枝)しか残っていません。私ともに五人です。一億対五人の戦いです。一億が勝つか五人がいう神の言葉が勝つか、それは近い将来に立証される事でありましょう。それを私は確信します。この平安が私どもにある以上何も申上げる事はありません。

――傍聴人もいない法廷で、明石順三ら五人の非転向者は、ひたすら信教を守りながら、このような悲痛ともきこえる言葉で、人知れず官憲に向かって訴えかけていたわけである。五人対一億の戦いということは、つまり非力きわまりない個人が、国家という巨大な権力そのものにたち向うにもひとしい、常識的にみればいわば到底勝目のない戦いである。法廷にいた司直の側は、このような明石順三の発言に対し、一笑に付すことはおろか、注意さえも払わずにききすごしたであろうか。あるいは内心の虚をつかれた狼狽をひそかに感じていたであろうか。それは知らぬ。

だが、それからわずか三年あまりの後に、はしなくも日本の敗戦となり、軍部も消滅するという結果に終ったことによって、この五人の立場は輝かしい勝利の位置づけを得た。彼らの人知れぬ発言の正しさを歴史が立証したともいえるであろう。とはいえ、彼らにとってはよしんば日本が戦争に勝ったにしても、国が滅びの道を歩んでいることには変りはなく、そのような地上の悪の戦いのすべてを否定し去ることに彼らの真意はあったのであろうと思われる。

それにしても、一審公判の論告求刑の段階で、東京ではすでに明石順三以下五人しか非転向者がいなかったという事実(ほかに、村本一生、村田芳助、広島県下の伝道者三浦勝夫などが非転向のまま獄中にいたが、彼らはそれぞれ熊本、仙台、広島などの地方に収監されていた)、しかもそのうち二人は女性であり、二人は朝鮮人青年であったという事実は、戦前、あるいは戦時下において、もっとも切実に解放を、自由を願っていたのはだれだったかという問題にも関連して、私どもにさまざまなことを考えさせる。

実際、検察側の灯台社関係検挙者状況一覧(『思想月報』七十七号、九十四号)によってみても、起訴者五十二名のうち大半が、長く厳しい取調べや未決拘留の過程で転向するか、信仰に関わることからも脱落するかして、執行猶予づきの判決を得ているのがわかる。幹部の多くも例外ではなかった。(幹部の一人赤松朝松は、転向はしなかったが、一審で懲役五年となって控訴中、病気で保釈同様となり、民間企業に勤めて、戦後も信仰には戻らなかった。)なおも権力との妥協をしりぞけ、軍需物資の供出や軍事慰問品供出を拒むなど、あくまで戦争への抵抗をやめなかった信者は、むしろ地方の女性のなかにいた。たとえば『昭和十七年中に於ける社会運動の状況』(内務省警保局)に、つぎのような新潟県下の灯台社関係者女性の記事がでている。

「灯台社再建運動検挙　新潟県中蒲原郡大江山大字松山一、五二七吉沢為四郎方派出看護婦

葉フミイ当三十二年は、大正十五年頃灯台社に入信。其の後進んで本部に入り、明石の直接指導を受けてエホバの証者となり、昭和九年頃高知県下を伝道中、現在の夫葉国燕（台湾人にして同じくエホバの証者）と結婚。引続き灯台社教義の伝道に従事し、去る昭和十四年六月の一斉検挙に際しては、夫国燕と共に石川県特高課に検挙されたるが、転信を誓って警察限り釈放せられたり。（葉国燕は起訴猶予処分を受け昭和十五年五月釈放）然るに本名（葉フミイ）は昨年六月頃以降釈放当時の誓約を無視して再び旧邪信に復帰し、付近住民に対し私《ひそ》かに灯台社教理を宣伝流布し、〝自分は此の信仰を誰が何と云っても捨てない、仮令《たとえ》火の中に入れられても決して離れることはしない〟〝山本（夫国燕を指す）は意気地がないから近頃その信念が動揺しているようだが、私は飽くまでやる〟云々の言辞を弄する等のことありて、其の活動頓に活発となり来れるを以て、新潟県特高課にありては本省並びに検事局と打合せ、本年（昭和十七年）五月十九日治安維持法違反として検挙取調べの上、八月七日送局したるが、十一月十日付起訴（予審請求）せられたり」（注、葉フミイは、現在吉沢姓。敗戦まで栃木刑務所の独房に拘禁された。）

これをみると、葉フミイという女性の抵抗もさることながら、地方の特高の灯台社信者に対する、左翼関係者の地下運動かスパイでも警戒するような、執拗な追求ぶりもうかがわれる。

獄外にいた明石順三の三男光雄は、村本一生の豊多摩刑務所からの出所をただ一人出迎えたり、灯台社再建の容疑で淀橋署に再逮捕されたりしながら、非転向の立場をつらぬいていたが、一九四二年入隊の命令を受けたときは、彼までも入獄させて一切の連絡の方途を失っては、という父の方針で、とくに兵役拒否はせず、小樽、帯広、千島など北海道の部隊を転々とした。そのさい、光雄が灯台社の明石の子であると知った軍隊側は、彼の書類に要注意危険人物たることを示す赤紙を貼布し、つぎつぎに申し送った。このためどこの部隊でも、かえって恐れられて特別の扱いを受け、なぐられることもほとんどなく、演習には一切参加させられずに、つねに内務監視の居残りをさせられた。したがって銃器の拒否を申しでなくても、銃は一度もとらされないまま、一九四五年八月、敗戦によって無事除隊となった由である。

## 宮城刑務所の明石順三

懲役十年の刑を受けた明石順三は、一九四三年十一月末、巣鴨拘置所から看守二人につきそわれて、重い風呂敷包みを背負い、夜汽車の鈍行で仙台の宮城刑務所へ移送された。順三は入所の翌日から独房で荷札に針金をつける作業をさせられたが、仙台の冬は東京より早い、一日で指先は霜焼で脹れその上輝《ひび》割れがして血がにじんだ。ひどいところへきたと彼は思った。

人は網走刑務所ときけばシベリア徒刑のイメージで北辺の厳寒の刑務所を思い浮かべるだろう。ところが、その網走から宮城へ移送されてきた屈強な懲役囚が、網走のほうがよほど楽だったと弱音を吐いて震え上っているのを順三はみた。網走の刑務所には囚人を凍死させないだけの暖房の設備があった。が、仙台以南の刑務所には暖房を許可しない規則なので、宮城刑務所は東北地方にありながら厳寒の季節にも暖房なしという悪条件におかれていたのである。

明石順三は、非転向の思想犯であることを示す赤衣を着せられた。それも、寒々としたスフとは名ばかりのチョッキの一式だけで、これで東北の冬が越せたら奇跡みたいなものであった。(ステープル・ファイバー)の肌着一枚と、薄紙を合わせたようなやはりスフの袷の上下、綿入れ夜着もまた、薄い掛け布団と敷布団を一枚ずつあてがわれるだけで、それを欅《けやき》板の床の上にじかに敷いて寝《やす》んだが、土瓶の水もかちかちに凍る冬の夜中など、襟元が寒くて寝られず、官給の洗面用の小布をあててみたりしたが、そんなところを夜間見回りの看守にみつかると、たちまち廊下に呼びだされて、軍隊なみの往復ビンタの制裁を受けることになるのだった。

底冷えのとりわけ厳しい日、順三は欅の床に坐っての作業中、あまりの冷たさに作業材料の軍手をこっそりふとももや尻の下に敷いていたのを、巡回の看守部長にみつけられた。六十近い老体の順三はその場で廊下にひきだされ、往復ビンタを何回も見舞われたうえ、三十分あまりも直立不動の姿勢で説諭をくわえられた。独房で孤立無援の赤衣の囚人は、ここでも明らかに恰好の嗜虐用の玩具とみなされたようであった。そんな虐待もあって順三にとっては毎日毎夜が死にまさる苦しみの連続になった。

実際、赤衣の思想犯など一日も早く死ぬがいいという扱いを受けているとしか思えなかった。刑務所規則によって最低定められているはずの特典のあらゆるものが剝奪され、獄中のほとんど唯一の楽しみである食事も、たださえ粗悪をきわめる給食の最小限が支給されるだけであった。それも、世間一般の食糧事情の悪化にともなって、日ましに劣悪の度をくわえた。

重労働の囚人には一号二号の比較的大きな型飯が与えられるが、独房の赤衣思想犯は五号という野球のスポンジボールほどの麦の型飯にしかありつけず、その型飯も満州産の高粱がまじるようになったのを〝赤飯〟などと呼んでいるうちはまだよかった。やがて麦はまったく消えて大豆が入りはじめ、ついには大豆が豆粕にかわった。大豆のしぼり粕を型で抜いたメシを手にとると、長さ二センチあまりの蛆の死骸が無数に炊きこまれているのだった。最初は蛆を捨てていたが、分量が減るので、そのうち除けずに口に入れるようになった。完全な飢餓の状態である。うなぎや天ぷらのようなぜいたくなものを食いたいなどとは思わない。焼き大福の夢ばかりみた。塩分も明らかに欠乏していた。にじみでる涙の味が水のようにからくなかった。

飢餓の牢獄のなかで、順三は別の地獄をもみた。囚人の間には喧嘩や口論が絶えず、さらに進んで血なま臭い騒ぎがおこる。それがすべて食色をめぐる葛藤だった。とくに色情による争いは深刻なものであった。異性から隔絶された荒涼たる環境にも、性の衝動に駆られる囚人同士の奇怪なありようを、順三は独房の格子を通して目撃せねばならなかった。が、食色の欲望をのこす間はまだいい。青衣の雑役の一人は、毎日のように五、六人の囚人が裏門から〝出所〟しているという情報を伝えた。出所といってもそれは〝屍体〟になってという意味であった。栄養失調と厳しい寒気のために持病を急激に悪化させた病囚は、戦時下で一般に医薬品も入手しがたい時代でもあり、まして獄中では手当らしい手当も受けずに、つぎつぎ死んで行くのだった。獄死した妻の静栄もそういう状況のもとに斃れたのだろうと、後になって順三は思った。彼自身一度瘭疽《ひょうそ》の手術を獄中で受けたが、医官はいきなり金属棒を指の爪と肉の間に突っこんでこじり、鋏で浮きあがった爪をばりりと切り裂いた。苦痛をまったく顧慮せぬ乱暴な手術だった。垂れ流しのまま半年以上放置されている病囚のことも順三は耳にした。

独房にいるのは思想犯だけとは限らず、懲罰的に刑事犯が入れられることもあった。雑居房なら囚人同士話もできるが、独居房での孤独は多くの刑事犯にとって気も狂うほどの苦痛であるらしかった。ある夜厳しい寒さに目を覚ますと、おりから廊下に多勢の足音がして隣りの監房の扉を開けて入って行く。小声で看守のささやきかわす気配がした。二十日まえに中学卒の強盗放火囚の拘禁された独房だった。だが、寝ているはずの放火囚の姿は布団のなかにはなかった。看守が房内をみまわすと、窓に垂れた黒い防空遮蔽幕のかげにぶら下がった足がみえた。首を吊って自殺したのだった。房内での自殺は珍しくなかった。かと思うと、夜中に別の房から遠吠えのように、「看守さぁん、天皇陛下に合わせて下さぁい」と細々と叫ぶ声がきこえてきた。「うるさい、ド気ちがい、死ね」と雑居房から怒鳴り声が応じた。それは、強盗殺人囚が独居房に入れられて、とうとうほんとうに気が狂っての叫びだったのである。

しかし、こういう寒さと飢餓と地獄の様相のなかで、明石順三は一日一日と生き延びて二冬を越えた。それは彼にとって最後の殉難の期間であった。強盗、殺人、窃盗、放火等々、〃兇悪犯〃と名のつく囚人たちが順三のまわりには群をなしていたが、散歩などで顔をあわせる彼らは、みんな平和で、おとなしい人間たちばかりだった。悪意のある人間はほとんどいないと順三は思った。一方、彼ら〃兇悪犯〃のほうでも、青衣を着ている思想犯の転向組は鼻もちならぬ連中として憎み、赤衣の非転向者たちをひそかに尊敬しているということもわかった。

初めての冬を越えた春先の日、刑務所の庭へ散歩に出された順三は、路傍に生えた細い茎についた白い可憐な花をみつけ、手のひらにのせてながめていると、「はこべの花だよ」とそばにいた〃兇悪犯〃が教えてくれた。順三は看守にみつからぬように、小さな花弁をそっと赤衣のふところにすべりこませた。そんな散歩の最中、一人の赤衣の囚人がするすると順三に近づいてきて「私です」と短くいった。順三はその顔をみて驚いて声を上げそうになり、あわててそ知らぬ顔に戻った。彼は灯台社で最後まで非転向だった朝鮮人青年崔容源だったのである。

思いがけなく順三と散歩中に顔をあわせた崔は、刑務所内のようすもすこしずつ話してきかせた。運動の時間にいっしょになった崔は、「ごらんなさい、共産党の人たちですよ」と別の赤衣の人たちのほうを目で示し、その名前を教えた。市川正一(後に獄死)、春日庄次郎、竹中恒三郎らの共産党関係者が思い思いに体操をしていた。市川正一が一九二九年以来の獄中生活だったのをはじめ、みんな順三より四、五年から十年も長い独房暮らしをつづけていたが、明石順三は、戦後記した『同獄記』(遺稿、一九六〇)に、「どの顔を見ても栄養失調の影が極度に濃い。その蒼白い顔、顔、顔が身体を前かがみにして黙々と歩いている。そのなかで、元気そうに胸をはり、両腕を振って歩く囚人をみた。他の者たちと同様に顔色も蒼白で、体も痩せて細かったが、何か知らその全身に強い気魄というようなものが漲っているように見受けられた」と、春日、竹中らの共産党関係者が当時の獄中において昂然と胸を張って歩いていた様子を書きのこしている。

崔容源の仲立によって、順三も春日や竹中や市川とひそかに知りあったが、それからまもなく、順三は長らく入手を希望していて叶えられなかった聖書を、獄中で手にすることができた。英文の聖書だったが、春日、竹中らの共産党関係者が順三の希望どおりにするように刑務所側に働きかけてくれたことが、あとでわかった。また、雑役の囚人が、ときどき竹中の私物の書籍を順三の独房へことづかってくるようなこともあった。

順三が入獄以来耳にすることのできなかった外部の情報にも、共産党関係者たちは精しかった。一九四五年に入ってからまもなく、竹中は散歩中の順三にこう耳打ちした。「ルーマニアが共産陣営に参加した。日本の敗戦ももはや時間の問題だ」。――ルーマニアがそうなったことが、日本の敗戦にどう関わるのかは順三にはわからなかったが、敗戦の気配が迫っているのは獄内でもはっきり感知することができた。

すると、八月半ばのある日、刑務所側がラジオの浪曲を房内放送で囚人にきかせた。つぎの日は中村吉右衛門の『石切梶原』の舞台中継もきかせた。そんな娯楽番組をきかせるなど戦争下の刑務所ではかつてないことであった。房内放送の異変から共産党関係者が敗戦の事実を調べ出して、ただちに刑務所内の解放に着手した。順三も独房から呼びだされて刑務所の中央ホールに行くと、春日、竹中らをはじめとする十数人の共産党関係者や思想犯などの赤衣グループが集まってにぎやかに談笑していた。そのときの情景を順三はこう書いている。

「これまでは威張りかえっていた看守や青服たちの顔や姿が小さくなっているし、殊に青服連中(転向組)の羨しそうな視線が春日さんらのグループに注がれている。〃とうとう我々の勝利です〃と竹中さんがいった。〃日本は八月十五日に全面降服をしたのです。御苦労さんでした。ほんとに我々は今日までよく生き抜いて来られたものです。マッカーサーの命令で我々はすぐ出所することになりました。それまではこの所内にいて、自由に行動してさしつかえないことになっています〃」(『同獄記』)

――明石順三にとっても、ようやく解放が、そして勝利がやってきたのであった。彼ら赤衣の非転向組は、その解放によって赤服から青服に着かえ、独房にも錠をかけられずに出入自由となり、食事も大型飯に改められた。もはや懲罰もまったく影を消した。それでもなお政府当局は釈放をのばしのばししていたが、その年一九四五年十月九日、実質的には進駐軍命令によって、順三は共産党関係者らとともに刑務所から釈放されたのであった。出所した順三は、三男の光雄や非転向者村田芳助の娘リツ子に迎えられ、光雄ともども栃木県鹿沼で歯科医を開業していた村本一生の弟ひかるの家に身を寄せた。そこで、順三は村本とも約七年ぶりで再会することができた。

村本一生は、さまざまな暴行を受けた熊本の刑務所で一九四五年五月空襲にもあった。刑務所に防空壕はつくられていたが、そのなかに真先に入るのは看守など官憲側で、囚人は外にいて焼夷弾を浴びて火だるまになったりした。刑務所も焼けたが、村本は辛うじて被災をまぬがれ、焼けのこった私物の本を風呂敷に包んでかつぎ、赤い獄衣の縄つきの姿で看守に連行されて汽車で福岡の刑務所に移った。

福岡の刑務所では久留米絣を織る作業などさせられ、受刑者の指導員に教えられて一日一疋ぐらい織っていたが、その年七月ごろには織る材料の糸も乏しくなって、十日に一疋がせいぜいになった。それに、順三が宮城刑務所で経験したのと同様の欠食状態と長年の虐待とで村本の身体の衰弱もはなはだしく、全身にむくみができているありさまだったから、長時間の作業は無理になっていた。そこへ八月十五日がやってきた。村本のいた福岡刑務所でも、敗戦の事実は囚人にはすぐには知らされなかった。天皇の放送もきかされなかった。しかし、八月十五日の午前中まではアメリカの爆撃機がきたのに、そのあとは空襲がぴたりとやんだことで、村本も戦争がすんだのかもしれないと思った。そして、ここでも八月十五日以後房内放送が浪曲などやりだして、刑務所内の雰囲気がなんとなく変わってきた。囚人たちも敗戦の気配を察し、三日ぐらいあとになってその事実を確認した。敗戦を知った村本は、ああこれでやっとすんだのだな、と思った。軍隊内の兵役拒否以来降りかかった迫害も、もう襲ってくることはあるまい。そう思うと、うれしかった、正直にうれしかった。

けれども、彼の肉体は、いまいった虐待と栄養失調のためほとんど衰死一歩手前のところまで追いこまれていた。出所してようやくのことで鹿沼の弟のところに辿り着いたが、そこで師の明石順三と再会したときには、まったく骸骨のように瘠せていた。それでも二人して喜びの手を握りあうと、順三が「おもしろかったね」といった。「そうでしたね」と村本も思わずにっこりした。村本の気持としては、獄中ではただ「現在の状況は神より与えられた試練」と思って耐えぬいてきただけで、自分が特別のことをしたという意識などまるでなかったし、釈放されても勝利感に酔うことなどなかったけれども、師順三とともに信教に生きたものとして、やはり人間として当然のなすべきことを果したというしみじみとした爽快感、充溢感に満たされていたのであろう。

## いつわりの平和を排す

戦時下に非戦の抵抗をつらぬいた明石順三と村本一生の師弟は、戦後はそのまま栃木県の鹿沼市に住みつくことになった。そして、灯台社の伝道も、もう一度はじまるかにみえた。

　事実、敗戦の翌年には、アメリカのワッチタワー総本部の文書伝道者も、占領軍とともに日本に上陸してきて、戦前のワッチタワーの日本支部であった灯台社主宰者としての明石順三を鹿沼に訪ねてきた。そして、さまざまの受難の体験をした順三の労をねぎらい、新たな伝道活動のために総本部は物質的援助の用意があることを述べて、とりあえず戦時中日米の文通も途絶えた後に発行された、戦時下、戦後のワッチタワー文献、機関紙などを順三の閲覧に供したのである。

順三はひさかたぶりに手にするワッチタワーの文献を貪るように熟読した。ところが、順三はそれらの文献を読み終えて、失望とも怒りともつかぬ気持にかられた。そして、敗戦後の占領軍やアメリカにおもねる風潮が世上横行していた時代に、彼はアメリカのワッチタワー総本部に物質的な援助を乞うどころか、七カ条からなる長文の批判書を会長N・H・ノール宛に送って、公式の弁明を要求し、関係を絶つことをも辞さない姿勢を示したのである。

その批判書の全文は、灯台社が戦後発行した機関紙『光』の一九四七年七月十五日付号外三号に掲載されているが、明石順三がワッチタワー総本部を批判した七カ条を列挙すればつぎのとおりである。

一　少くとも過去十年間、聖書真理の解明に進歩の跡を認め得ず。
二　現在に於ける所謂神権政府樹立と、その国民獲得運動の躍起主張は聖書的に一致せず。
三　所謂「神の国」証言運動の督励方針は要するにワッチタワー協会の会員の獲得運動たるに過ぎず。
四　総本部の指導方針は、忠良なるクリスチャンをして、聖書の明示する唯一標準を外れて安価なる自慰的位置に安住せしめつつあり。
五　その自ら意識すると否とにかかわらず、種々の対人的規約や規則の作製は、せっかく主イエスによって真のクリスチャンに与えられたる自由を奪い、ワッチタワー総本部に対する盲従を彼らの上に強制するの結果を到来せしめつつあり。
六　総本部はワッチタワー信徒に対して、この世との非妥協を教示しつつあるにもかかわらず、総本部自身の行動はこの世に対する妥協の実証歴然たるものあり。
七　所謂「ギレアデ神学校」(注、ワッチタワー本部が一九四二年設立した神学校)の建設は、聖書の示す所と絶対に背反逆行せり。

順三は、以上の七項目の一つ一つについて詳細克明に批判理由を論述しているが、とくに第六項の、総本部自身の行動にはこの世との妥協のあとがみえる、とした点については、ワッチタワーは従来国家権力にも妥協すべからずとして国旗礼拝を禁じてきたし、エホバの証者で国旗に対する敬礼を拒否して検挙投獄されるものがアメリカでは数千人もあったときいていたのに、近着ワッチタワー機関誌の写真をみると、一九四六年八月クリーブランドで開催された大会では、舞台いっぱいに掲げられた星条旗を背景に大会が行なわれ、大国旗の前で会衆による讃美歌合唱や祈禱までもなされているのは、国権に対する妥協によって組織温存がはかられている証拠ではないか、と指摘するとともに、

「今次大戦中本会(ワッチタワー)の指導下に神と主イエス・キリストの神命に忠実ならんとして、多くのクリスチャンは殺害、暴行、投獄、監禁その他のあらゆる迫害を蒙り候。然るに余の出獄後聞く処によれば、ブルックリン総本部部員にして大戦中に検挙投獄されたる者殆ど無しとの事にて候。これ果して何の意味を有するものに候や。(中略)総本部が今次大戦を通じ如何なる巧妙手段を以てよく其の苦難を回避し得たるかはともかくとして、もし本会の自称する如く〝本会は地上における神の組織制度なり〟の主張が事実なりとせば、(組織)体の末端の大部分が敵側の手によってかくも莫大なる苦難を受けたるにかかわらず、中心たる総本部が

ほとんど無疵の状態においてこの大苦難時を無事に通過し得る理由は絶対に成立致さず候。（中略）出獄後小生の手に入りたる本会刊行の各種印刷物中に、大戦を通じてドイツその他諸国に於ける所謂〃エホバの証者〃に対する迫害事件に関しては大々的に報告されあるも、肝腎の総本部に関する迫害事実の報告はほとんど発見致さず候。この点に対し本会代表たる会長の公式弁明を承りたく――」

と鋭く詰問している。また第七の神学校の設立問題についても、順三は学校教育はもともと定められた標準にしたがって一定の〃規格品〃をつくり出すだけのものであるから、学校教育によって真のクリスチャンを〃製造〃することなどできないのは自明のことだとして反対し、また徴兵制の敷かれているアメリカでは「牧師職にある者は兵役義務を免ぜらる」との特典があるが、ワッチタワーの神学校もその特典を利用するための一機関に堕してしまうことにもなりかねない、ともつけくわえている。

これらの順三の指摘をみると、みずからが戦時下苦難の抵抗をつらぬいたという自信と自恃のうえに立って、本部の国家体制との妥協をいささかも許さない厳しい姿勢が示され、神学校問題では三人の実子を上級学校に進めなかった父親としての教育理念にもとづき、兵役拒否の問題にしても、最初に信教なり、真理への愛があっての拒否であって、兵役逃れのために信仰に入る、牧師となるといった本末顚倒は、断乎として排する潔癖さがにじみでるように表われている。

七項目全体にわたってみても、ひっくるめていえば、ワッチタワー本部はすでに宗教本来の目的をなおざりにして、宗教を手段として組織の拡大をはかる、世俗的営利集団への道を歩きだしているのではないか、という真向からの批判となっており、その点、順三は自分の立場をそうしたものから峻別するかのように、批判文の末尾でこう断っている。

「余はクリスチャンにて候。余は我らの主イエス・キリスト以外の何者の追随者にても、これなく候。従って余は今日に至るまで、ラッセル兄の追随者にもあらず、ラザフォード兄の追随者にもあらで、またワッチタワーの追随者たりしことも絶無に候。而して自己のこの歩みは今後といえども絶対不変なるものにて候」

すなわち、戦時下の抵抗の実践にしても、それは決してワッチタワー協会の方針によってなしたとか、ラッセルやラザフォードの個人的教説によってなしたということではない、ほかならぬ聖書もしくはキリストの示した根本的な〝真理〟への信仰と愛によって行なったものであって、灯台社の教説・思想として戦時下伝道されたものも、あくまでキリスト教本来の真理に直接根ざしたものであったことを、明石順三はここで改めて明言したわけである。

しかし、こうした批判と直言の数々は、ワッチタワー本部からすれば、あまりに明確な不服従の態度表明ともみなされたであろう。本部はついにこの質問状に対して一言の弁明もせず、ノール会長名で明石順三を高慢なるもの、不謹慎なるものときめつけて、ワッチタワーから即刻除名するという一片の通知状を送付してきたのみであった。これ以後、日本では「ものみの塔聖書冊子協会」が新たにワッチタワー支部となって、灯台社はワッチタワーとの関係を終焉し、それとは無縁のものとなった。

事実としての正確を期するためにつけくわえれば、明石順三の批判点のうち、第二次大戦下のアメリカのワッチタワーで国家体制に対する抵抗がなされたかどうかという点を文献でたしかめると、ワッチタワー関係の兵役拒否者は存在した。第二次大戦中の合衆国で徴兵を良心的に拒否したものの三分の二はエホバの証者で、そのため三千五百人余りの若い信者が特別収容所に閉じこめられたという記録もエホバの証者関係の文献にのこっており、国旗敬礼の拒否についていえば、「この世の諸権を象徴する国旗に対する礼拝はクリスチャンとして拒絶する」というのは協会の基本的主張のひとつで、その実践例も多数にのぼっている。

個々の批判点についてこうした反証を挙げるならば、明石順三の追及が性急にすぎた点も出てくるかもしれない。しかし、思うに彼が問いつめようとした問題の核心は、そのような個別末節の事実関係にあるのではなく、宗教者の集まりが、たんに強大な組織と化して、内実のものを失うことを厳に排することにあったのではあるまいか。

戦時下の日本においても、大きな組織をもった宗教上の各宗各派は、キリスト教の諸会派にせよ、仏教の諸宗派にせよ、戦争の悪そのものを民衆に訴え、平和のために何らかの寄与をするどころか、国家の侵略の悪を黙認し、ときには協賛する姿勢さえもみせて、民衆を不幸にするための協力者となった感さえある。そういう事態になったのも、すでにそれらの諸教団が、大いなる組織をもっていたことによって、宗教者の集まりとしての内実を背後におしやり、あるいは無視し、組織そのものを温存し、拡大するために、国家権力や体制に妥協・順応するのにあくせくしなければならなかったからである。

そして、実際に戦争下にあって、その戦争の悪を直視し、それを峻拒しようとし、不幸な状態にある民衆に救いの希望をもたせ、なによりも良心的兵役拒否という、ほかに例のない行為の実践までもつらぬかせたのは、みずから〝組織〟や〝結社〟ではないとした、灯台社のようなささやかな集団による信教であった。

事実がそうであればこそ、なおのこと明石順三は、灯台社がいまさら組織として発展することには興味を示さず、アメリカのワッチタワーの組織の温存や発展をはかるありかたを批判し、みずからは、灯台社が戦時下になすべきをなしたことによる心の平安を得て、アメリカの総本部の援助にのっての伝道拡大などには、拒みこそすれ、なんの関心もひかれなかったのであろう。

灯台社でも、転向者の続出するなかで非転向を守り、良心と内面の自由を守る立場をつらぬき得た人々は、この場合も順三に同調した。村本一生、隅田好枝らであるが、彼らは、〝五人対一億〟、ときには〝一人対一億〟さらには〝一人対国家〟というような、途方もなく大きな規模をもつと考えられる相手に徒手たち向かい、なんらの法律的保護もなく、それどころか死刑・無期の重刑を科する治安維持法の弾圧下に、なお兵役拒否や、国家体制批判の立場を実現できたことによる、自信にも支えられていたであろう。まして歴史の事実はすでに彼らに味方して審判したのであるから——。

戦後の明石順三は、こうしてワッチタワー本部との関係も絶たれたことによって、伝道の実践活動からは離れた。そして、その後鹿沼市で静子夫人(一九一四——)と再婚し、西鹿沼に閑居を得て、もっぱら読書と執筆に静かな歳月を送った。

読書は、仏典など広範囲におよび、聖書真理の解明についての論考もつづけられたけれども、仏典研究をも進めることによって、いっそう普遍妥当的な宗教上の真理に近づこうと努力したあとがみられる。執筆活動のほうは、彼は著述をすぐに世に問うことにはもはや興味を示さず、聖書と浄土三部経、歎異鈔、万葉集などの思想を現代の舞台に立体化し、かつ本願寺の体制や浄土真宗の宗教の本質を衝こうとした新聞小説体の『浄土真宗門』(新聞小説の連載形式で三百四十三回分)、ほかに二千枚をこえる三部作『彼』(創造篇、智恵篇、権力篇)、『道』と題する宗教小説のほか『運命三世相』(五幕)という戯曲など、いずれも丹念に新聞紙面の小説欄のスペースの升目《ます》に書かれた肉筆の形の遺稿がのこされている。

これら宗教文学作品と名づくべき明石順三の諸作品は、現世の組織としての宗派が、その組織をねらう勢力の暗躍などのなかで、いかに本来の宗教上の真理を目ざす立場をつらぬき得るかを、登場人物のドラマティックな発展によって描いて行く体の雄大なスケールのもので、随処に聖書の教理や仏典の教説が比較宗教的に引用・咀嚼されながら、作品展開の契機として使われており、順三の宗教人としての大成が、晩年こうした形をとってあらわれたものといえようか。新聞小説の体裁を好んだ点は彼自身最初ジャーナリストとして活躍し、新聞による伝達の手段を、大衆にもっとも親近感あるものとして信じていたからであろう。また、年少のころ文学好きの友人とも交わった彼の、老年にして文芸上の趣味も復活し、内容は宗教、表現は文学、そして発表形式は新聞小説でという、一生の行路の集大成が、まさにこの新聞小説体宗教小説という感を深くする。

明石順三の戦後の執筆活動のうち、生前に発表された唯一のものは、カトリックの本質を究明しようとしたイエズス会研究の論稿『四百年の謎』で、在米時代の友人翁久允の主宰編集する雑誌『高志人《こしびと》』の一九六二年二月号から連載され、四十五回目までの稿を入れたが、一九六五年(昭和四十年)十一月十四日、執筆途中に順三は死去した。

晩年は渡米時代の友人長沼重隆や翁久允らとの、明治時代の青年の客気をいつまでものこした、若やいだ交友を楽しみつつすごしたようである。反面、ひたむきな生一本な潔癖さも若い時代のままで、長沼が新潟大学の講師時代の一九六四年六月、新潟大地震がおこって、順三が新潟大学長に宛てて長沼の安否をきづかう手紙をだし、返信用切手を同封しておいたのに返事がなく、後日大学学長の公用印刷の地震見舞御礼の葉書一枚が届いたので、筋がちがうではないかと学長を難詰する書状を改めて送りつけた、といった逸話ものこっている。

村本一生は、その後鹿沼市内のある教員寮の管理者となり、名利を求めぬ静かな生活を送っている。順三の生前のもっとも忠実な弟子として、文字通りの教え子として終生順三のことをパパと呼び、臨終の床にもつきそって、その安らかな昇天をみまもった。

隅田好枝は明石家の養女となって鹿沼の病院で戦後も長い療養生活を送ったが、一九七〇年六月ようやく退院し、いまは明石未亡人とともに静穏な毎日を送っている。

村本一生は「灯台社の任務は終ったのだ」と話した。彼は敗戦直後ようやく刑務所を出所できて鹿沼で順三と再会したとき以後、その兵役拒否の体験については、あらためて人に話すこともなしにすごした。その時代になすべきことをした、それも人間としてあたりまえのこととしてなした、という静かな充足感が、彼をそのように寡黙にしたのであろうか。自分としてはとくべつのことをしたとは思っていない、と彼はなんどかくりかえした。

「灯台社の任務は終った」と彼はいう。その任務というのは何であったのだろうか。そして、もうなにもしなくてもいいということなのだろうか。いや、そうではないようである。

明石順三は、その死に先立つこと四ヵ月前の『高志人』(一九六五年七月)の「四百年の謎」の論稿のなかで、とくに日本の平和憲法問題にからんで、再軍備や、兵器製造の現実をつぎのごとく指摘し、警告している。

「(日本の憲法第九条)の条文は一言にして尽すと、〝日本は今後戦争は絶対に致しません。従って、軍備一切は全廃します〟ということを全世界に向って端的明白に声明したことになる。(中略)それを以て、一かど、日本が世界における唯一つの平和国家たることを自発的に宣言して、範を全世界に垂れたるものの如くに考えている者があるとすれば、それは余程の大馬鹿者といわなければならぬ。

何から何までが胡麻化しづくめのこの世の中において真の意味における平和国家などというようなものは決して存在し得ないのだ。その最も好適な例は、世界における唯一の〝平和国家〟を標榜する日本が、戦力排斥を主張する憲法第九条の僅か百字にも満たざる短い条文をヒン曲げネジ曲げて、警察(予備)隊だ保安隊だ、防衛だ自衛だと、あの手この手の口実や詭弁を弄して、遂に今日の強力な陸海空三軍の実戦力を造り上げた事実に徴しても明白である。

だが、その程度内にとどまっているのなら、それも自国の安全を護るための〝家庭の事情〟

によるのだ、という弁解も成り立たないわけではないが、しかし、自国防衛のための兵器軍需工業の埒を越え、その余力を不必要に拡大して物騒なそれらの生産物を他国へ輸出し、それによって暴利を稼ぐということになると事態は全く異なってくるのだ。

如何に詭弁を弄しても武器兵器は殺人と破壊のための道具だ。世界の諸国に魁けて平和国家なることを宣言し、また事ある毎に、そのことを広告宣伝する日本が、人間殺害のための兇器を他国へ売りつけるが如き行為は絶対に許されない筈だ」

順三はここで、『朝日新聞』(一九六五年五月二十六日付)やNHKラジオ(一九六五年五月二十七日夜)などが、日本の大企業による朝鮮戦争以来の兵器や軍事物資の米国、タイ、オーストラリア、イスラエル・国府などへの輸出について報道・解説した内容を引用して、

「これが即ち、世界における唯一の平和国家たることを誇示標榜する日本の実態だ。(中略)資本家たちは殺人兇器を大量に生産輸出することによって莫大なる利益を収め、労働者はそれに協力することによって報酬とボーナスの増額に飽くなき追求をつづけ、政府はこれを奨励庇護することによって在外正貨の獲得に躍起となる。即ち今、日本は国ぐるみで〝死の生産者〟となり、〝死の商人〟に化せんとしつつあるのだ。これが即ち〝平和国家日本〟の現実態だ」

と述べ、日本のいつわりの平和の現状をあばいて、批判するとともに、

「恐しい核兵器類の急速な開発によって、最後の滅亡に直面しつつある全人類の間には今、

平和を求める痛切なる叫びが満ちているに拘らず、その反対に、形勢は刻一刻と悪化への一途を驀進しつつある」

と、たび重なる戦争にも性懲りもない世界の傾向を憤るのである。

なお、順三はおなじ文中で、憲法の〝象徴天皇〟の条文についてもふれ、廃位されるべきであった天皇にこのように一見空虚な称号を与えることによって、支配体制側はなおも〝天皇の二番煎じ〟を存続させ、日本の民衆の統合支配をはかる道具として利用しようとしている、その憎むべき悪意を指摘することをも忘れてはいない。

いずれにせよ、明石順三は、一九六五年七十七歳の最晩年にこれだけのことを書いたのである。思いかえせば、その論旨・論調のなんと灯台社初期文献の戦争へ狂奔する悪の体制を批判した言葉に似通ってきたことか。彼は明らかに〝くりかえされつつある危険〟を予知してこの一文を書いている。しかも、彼の死後、状況はなおいっそう悪化の方向を辿っているとしたら——。

なによりも、われわれは彼が最後に憲法の空文化と、内実をともなわない偽の平和について憤った言葉を戒めとしてつねに嚙みしめる必要があるであろう。では、真の平和とは？　灯台社の非転向者の果たした実践の意義が、そのときふりかえられねばならないのではあるまいか。

# あとがき

「孤独な人間は、この戦争が厭だと思つても何にも出来やしない。手を拱いて召集の来るのを待つてゐるだけだ。そして召集が来たら、屠殺されるのを待つてゐるだけだ。もし何か此処に組織のやうなものがあつて、戦争に反対する人間が一緒に力を合せてこの戦争を阻止できるものなら、今の僕は悦んでそれに参加するよ。ちつぽけな孤独なんか抛り投げて、みんなの幸福のために闘うよ。しかしそんな組織が何処にあるんだらうね。僕は何にも知らない。コンミュニストの連中はとうに摑まつてしまつたし、こんな強力な憲兵政治の敷かれてゐる国では、どんな小さな自由の芽生だつて直に捥ぎ取られてしまふのだ」(福永武彦『草の花』)

まえの戦争の時代に日本の軍隊に徴集された民衆のなかには、うちわってみれば右のような感慨を抱いていたものもすくなくはなかったのではあるまいか。現に、私自身も、一九四五年八月上旬、十九歳の勉学半ばに入営することになったとき、これに類した気持をもっていた。

戦時下といえばなんでも文字どおり軍国主義の一色に塗りつぶされた世相であったごとくこんにち考えられているが、すくなくとも学生仲間などでは、かえって反軍国主義《アンチ・ミリタリズム》というか、非戦・反戦の思想への志向も決してないわけではなかった。私自身もかなりそういう傾向のつよい一人であったし、たとえばH・G・ウェルズがすでに第一次大戦後『世界文化史大系』の終章で、〝世界大戦という世にも恐ろしい経験〟をした人類にとって、世界平和の達成は最大の事業であるとして、その理想実現のために〝世界国〟建設をも提唱し、「陸軍でも海軍でも今日はかくまで厖大であるけれども、世界国では全くその姿を消してしまうにちがいない」と述べているのを戦中の少年時代に読んで、そうした〝軍隊のない国〟の理想をどんなにすばらしいものに思い、その実現を夢みたことか。

だが、わがもの顔の軍人たちは百年戦争などということを平気で唱える。軍部の組織が急速に崩壊するとも考えられなかった。しかも、軍の意志に支配された天皇の国家は、われわれに死を強制してくる。この呪われた国家体制についても学生仲間でひそかに議論したことはあったが、いざ入隊となると一人一人はバラバラにさせられ、もはや抵抗を口にするどころではなくなった。

入隊直前、私はこんな詩めいた言葉を紙片に書いた。

兵営という名の刑務所
死刑の待っている——

そこへぼくは行く

入隊する私は死刑囚の心境に近かったのである。いまにして思えば、はっきりと拒否すべきであった。事実、そういう気持も抱かないではなかったが、一方では軍隊内で抗命した学徒兵のあるものは銃殺されたという話も耳に入っていた。それはあるいは故意に流されたうわさであったのかもしれないが、やはり実際に抗命すればただちに直面するにちがいないと思われる軍法会議や処刑の危険を冒し、生死を賭してまで抵抗する勇気はなかったのである。

それだけに、そのような恐怖と脅しに満ちた巨大な軍隊の機構に対し、なおかつ兵役拒否をなしとげた人があり得たとしたら、という願望に似た思いも、自分がそれをなし得なかったことによる贖罪の意識とともに、戦後日本が平和憲法のもとに再出発してからも執念く私の脳裏を去らなかった。が、いわゆる徴兵逃れ＝徴兵忌避の話はあっても、正面切っての兵役拒否の記録にはでくわすことなく、期待はついに叶えられないままに、自分なりの戦時下レジスタンスの世界を創作の可能性のなかに描き上げようと試みたこともあった。

ところが、一昨年(一九七〇年)、はしなくも阿部知二氏の『良心的兵役拒否の思想』(岩波新書、一九六九年)によって、戦前の日本のキリスト者集団のひとつ灯台社の関係者から三人の軍隊内兵役拒否者が出たことを知らされ、十五年戦争下の日本で、正面切って〝良心的兵役拒否〟をつらぬいた人がやはりあったのだという事実に行きあたったとき、いまさらのように驚異の念に駆られた。

さらに、その行為が、現在のように基本的人権や思想の自由の認められていない、牢獄国家ともいえる状況の日本の、明治以来国民皆兵の名のもとに厳しい軍紀をもって律していた帝国軍隊のなかで、しかも戦時下に実現されたことを思いあわせるとき、少年期にその時代を知る私にはそれは奇蹟のようにも思われ、その実践の勇気はいっそう特筆に値すると考えられたのである。

私は兵役拒否の実践者が生存するなら是非とも会ってくわしく話をききたい気持を押さえることができなかった。そして、前記『良心的兵役拒否の思想』の資料面で協力された山口俊章氏(現神戸大助教授)にいくつかの資料を教えられ、そのうちの『戦時下抵抗の研究』I(みすず書房、一九六八年)の「灯台社の信仰と抵抗の姿勢」(佐々木敏二氏)の章によって、灯台社の主宰者であった明石順三氏が晩年を栃木県鹿沼市ですごしたことを知り、とりあえずその地を訪ねてみることにした。そこで、はからずも同市に健在であった兵役拒否実践者村本一生氏に親しくめぐり会うことができたのは、一九七〇年秋九月末であった。

ある教員寮の管理人としてひっそりと暮らしていた村本氏は、その初対面の折、かんじんの兵役拒否の行為については、

「自分としてはあくまで信仰に忠実に、あたりまえのことをしただけなので、実はそれについて人に話をするというのも、これが初めてのことなのです」
といわれた。村本氏は、ただ尋常の市民として静かな日常を送っていたのである。その周辺でも、いまでは戦時下の兵役拒否の行為を知る人もほとんどないままに——。

村本氏との出会いから、兵役拒否の実践とそれを実現させた灯台社の思想をあとづけようとする私の営為ははじまった。それから足かけ三年、私は、村本氏や、同じく灯台社信者で非転向をつらぬいて、いまは明石家の養女となっている隅田好枝さんや、明石家の遺族、さらには旧灯台社関係者をも何度か訪ねて面談を重ね、そのつど記憶を甦らされて語られたことどもを忠実にまとめようと努めた。同時に、明石家に保存されていた資料のほか、海外などに散逸していた戦前の官憲側秘密資料中の灯台社事件に関するものも、専門研究者小森恵氏の厚意ある教示によって網羅することができたので、それらの資料をも含めて、ようやく私なりに、兵役拒否がつらぬかれ得た思想と実践のあとづけを試みたのが、この一書である。

が、当の兵役拒否をつらぬいた村本一生氏は、私宛の私信でつぎのように現在の心境を語っておられる。

「私自身は自己の過去に全く無関心であると云うことです。何か一かどの事をやったと云うような自負もなく、感懐もなく、反芻もありません。一言に尽せば、過去は全く忘れたのです。

クリスチャンの大先達たる使徒パウロは示す。〃兄弟よ、唯この一事を務む。即ち後ろにあるものを忘れ、前のものに向かいて励む〃と」

――このような言葉に接すると、私がここになしとげられた兵役拒否について記すことも、それを実践し、なし終えた人の心境にはむしろそむくことになるのではないかと、申しわけない気持が先に立つ。

しかしながら、あの戦争の時代の日本の軍隊において、なおかつ兵役拒否をつらぬき得た人があったという事実はあまりに貴重である。それはあくまで人間の真実の記録として伝えられるべきであろう。

同時に、これらの実践と思想の記録は、たとえば孤独な人間は戦争が厭だと思ってもなにも出来ない、というあの時代多くの民衆が抱いたであろう、あるいはいまも個人個人が抱きつづけているかもしれない無力感に対しても、ある示唆を与えずにはおかないであろう。孤独な人間はなにもなし得ないどころではなく、明石順三が公判廷で〃一億対五人〃の闘いを展開したように、ほかならぬ個人こそもっとも自由な立場で闘い得るものであり、実は孤独な個人の確信乃至内面の自由のなかにこそ、国家の一見巨大にみえる権力をもってしても冒し得ない、抵抗の核があったのではあるまいか。

また、灯台社の実践を通じて、結果としてわからされたことは、ひとつは、民衆あるいは個人と権力の体制との闘いにおいて、実際におびえたのは一見巨大にみえた権力の側であったということであり、さらにいまひとつは、権力の機構を強大視すること自体が、実は長年にわたってそのように支配体制によって仕向けられてきた個人個人の内なる〝思いこみ〟による虚妄にすぎない、ということであろう。

なによりも、灯台社の人々が〝一億対五人の闘い〟という叫びを権力にぶっつけてから、わずか三年の後には、その権力の側のほうが敗戦によってひとまず瓦解し、軍部も解体して、〝国を挙げての兵役拒否〟ともいうべき条項が憲法に行文化されるにいたった事実を、あわせて記しとどめておかねばなるまい。

その憲法はいま生きつづけている。つらぬかれた兵役拒否にみられる個人の抵抗の問題が、すべての人間、あるいは集団としての抵抗の問題にどのように結びつけられるかは、他日の問題となろう。ここではただ、孤独な個人のなかにこそ抵抗の核があり、そういう個人のまえに恐怖したのは、一見巨大にみえた体制の側であったことをいま一度くり返しておこう。

最後に、貴重な体験を語られた村本一生氏、明石順三氏の遺族の方々をはじめ旧灯台社関係者、長沼重隆氏、旧官憲側資料の探索にあたってひとかたならぬご援助を頂いた参考文献懇談会の小森恵氏、その他資料についていろいろご教示を頂いた阿部知二氏、山口俊章氏、高橋正衛氏、笠原芳光氏、白川充氏、ものみの塔聖書冊子協会の三浦勉氏、そして、懇篤な激励を頂いた坂本義和氏、さらにこの書の成る直接の機縁をおつくり頂き、種々お世話になった岩波書店の海老原光義氏、鈴木稔氏に厚く御礼申上げたい。

一九七二年五月　憲法記念日に記す

著者

〔第九刷刊行に当り〕

八刷まで詳細不明であった本書一〇〇ページ所載の、善通寺の連隊で良心的抵抗をした三浦忠治の生涯について、昨年十一月保谷市在住の坂下強氏から、香川県小豆島の知己・岡桂氏にも確められたくわしい消息が寄せられた。それによって事実の正確を期し、九刷を機に一〇〇ページの三浦忠治の項に補筆したことを記し、坂下氏に厚く御礼申上げたい。（一九八三年七月）

〔第十刷復刊に当り〕

文中の村本一生氏は一九八五年一月鹿沼で死去された。晩年は遠隔地出身の中学・高校生の寄宿寮の寮長として英語や数学も教えて慕われ、また病床の夫人を看護して、静かに生涯を閉じられた。

（一九九二年一一月）

稲垣真美

1926年 京都府に生まれる
1953年 東京大学文学部美学科卒業
1955年 同上大学院修了
専攻ー綜合芸術論およびプラトンの美学
現在ー作家
著書ー『仏陀を背負いて街頭へ』(岩波新書)
『セイダッカ・ダヤの叛乱ー霧社事件』
『内村鑑三の末裔たち』
『きみもまた死んだ兵士』
『その前夜，樹海に死す』
『日本ペンクラブ50年史』(日本ペンクラブ)
『女だけの「乙姫劇団」奮闘記』(講談社)
『現代焼酎考』(岩波新書)

兵役を拒否した日本人
—灯台社の戦時下抵抗
岩波新書(青版)828

1972年7月20日　第1刷発行 ©
2016年7月20日　第11刷発行

著　者　稲垣真美《いながきまさみ》

発行者　岡本　厚

発行所　株式会社 岩波書店
〒101-8002 東京都千代田区一ツ橋2-5-5
案内 03-5210-4000　営業部 03-5210-4111
http://www.iwanami.co.jp/

新書編集部 03-5210-4054
http://www.iwanamishinsho.com/

印刷製本・法令印刷　カバー・半七印刷

ISBN 4-00-415019-1　Printed in Japan

# 岩波新書新赤版一〇〇〇点に際して

ひとつの時代が終わったと言われて久しい。だが、その先にいかなる時代を展望するのか、私たちはその輪郭すら描きえていない。二〇世紀から持ち越した課題の多くは、未だ解決の緒を見つけることのできないままであり、二一世紀が新たに招きよせた問題も少なくない。グローバル資本主義の浸透、憎悪の連鎖、暴力の応酬――世界は混沌として深い不安の只中にある。

現代社会においては変化が常態となり、速さと新しさに絶対的な価値が与えられた。消費社会の深化と情報技術の革命は、種々の境界を無くし、人々の生活やコミュニケーションの様式を根底から変容させてきた。ライフスタイルは多様化し、一面では個人の生き方をそれぞれが選びとる時代が始まっている。同時に、新たな格差が生まれ、様々な次元での亀裂や分断が深まっている。社会や歴史に対する意識が揺らぎ、普遍的な理念に対する根本的な懐疑や、現実を変えることへの無力感がひそかに根を張りつつある。そして生きることに誰もが困難を覚える時代が到来している。

しかし、日常生活のそれぞれの場で、自由と民主主義を獲得し実践することを通じて、私たち自身がそうした閉塞を乗り超え、希望の時代の幕開けを告げてゆくことは不可能ではあるまい。そのために、いま求められていること――それは、個と個の間で開かれた対話を積み重ねながら、人間らしく生きることの条件について一人ひとりが粘り強く思考することではないか。その営みの糧となるものが、教養に外ならないと私たちは考える。歴史とは何か、よく生きるとはいかなることか、世界そして人間はどこへ向かうべきなのか――こうした根源的な問いとの格闘が、文化と知の厚みを作り出し、個人と社会を支える基盤としての教養となった。まさにそのような教養への道案内こそ、岩波新書が創刊以来、追求してきたことである。

岩波新書は、日中戦争下の一九三八年一一月に赤版として創刊された。創刊の辞は、道義の精神に則らない日本の行動を憂慮し、批判的精神と良心的行動の欠如を戒めつつ、現代人の現代的教養を刊行の目的とする、と謳っている。以後、青版、黄版、新赤版と装いを改めながら、合計二五〇〇点余りを世に問うてきた。そして、いままた新赤版が一〇〇〇点を迎えたのを機に、人間の理性と良心への信頼を再確認し、それに裏打ちされた文化を培っていく決意を込めて、新しい装丁のもとに再出発したいと思う。一冊一冊から吹き出す新風が一人でも多くの読者の許に届くこと、そして希望ある時代への想像力を豊かにかき立てることを切に願う。

（二〇〇六年四月）

## 日本史

在日朝鮮人 歴史と現在　水野直樹／文京洙
京都〈千年の都〉の歴史　高橋昌明
唐物の文化史　河添房江
小林一茶 時代を詠んだ俳諧師　青木美智男
信長の城　千田嘉博
出雲と大和　村井康彦
女帝の古代日本　吉村武彦
聖徳太子　吉村武彦
秀吉の朝鮮侵略と民衆　北島万次
歴史のなかの大地動乱　保立道久
コロニアリズムと文化財　荒井信一
特高警察　荻野富士夫
中国侵略の証言者たち　岡部牧夫／荻野富士夫／吉田裕 編
朝鮮人強制連行　外村大
勝海舟と西郷隆盛　松浦玲
坂本龍馬　松浦玲

新選組　松浦玲
明治デモクラシー　坂野潤治
考古学の散歩道　田中琢／佐原真
古代国家はいつ成立したか　都出比呂志
王陵の考古学　都出比呂志
渋沢栄一 社会企業家の先駆者　島田昌和
前方後円墳の世界　広瀬和雄
木簡から古代がみえる　木簡学会 編
中世民衆の世界　藤木久志
刀狩り　藤木久志
清水次郎長　高橋敏
国定忠治　高橋敏
江戸の訴訟　高橋敏
漆の文化史　四柳嘉章
法隆寺を歩く　上原和
正倉院　東野治之
平家の群像 物語から史実へ　高橋昌明
熊野古道　小山靖憲

シベリア抑留　栗原俊雄
戦艦大和 生還者たちの証言から　栗原俊雄
国防婦人会　藤井忠俊
東京大空襲　早乙女勝元
日本の中世を歩く　五味文彦
アマテラスの誕生　溝口睦子
中国残留邦人　井出孫六
証言 沖縄「集団自決」　謝花直美
幕末の大奥 天璋院と薩摩藩　畑尚子
金・銀・銅の日本史　村上隆
武田信玄と勝頼　鴨川達夫
邪馬台国論争　佐伯有清
歴史のなかの天皇　吉田孝
日本の誕生　吉田孝
沖縄現代史〔新版〕　新崎盛暉
戦後史　中村政則
環境考古学への招待　松井章
日本人の歴史意識　阿部謹也
飛鳥　和田萃

## 岩波新書より

奈良の寺　奈良文化財研究所編
植民地朝鮮の日本人　高崎宗司
漂着船物語　大庭脩
東西／南北考　赤坂憲雄
日本文化の歴史　尾藤正英
日本の神々　谷川健一
日本の地名　谷川健一
南京事件　笠原十九司
裏日本　古厩忠夫
日本社会の歴史 上・中・下　網野善彦
日本中世の民衆像　網野善彦
絵地図の世界像　応地利明
古都発掘　田中琢編
宣教師ニコライと明治日本　中村健之介
神仏習合　義江彰夫
謎解き 洛中洛外図　黒田日出男
韓国併合　海野福寿
従軍慰安婦　吉見義明

中世に生きる女たち　脇田晴子
琉球王国　高良倉吉
平泉 よみがえる中世都市　斉藤利男
暮らしの中の太平洋戦争　山中恒
ルソン戦—死の谷　阿利莫二
江戸名物評判記案内　中野三敏
徴兵制　大江志乃夫
田中正造　由井正臣
日本文化史〔第二版〕　家永三郎
原爆に夫を奪われて　神田三亀男編
神々の明治維新　安丸良夫
神の民俗誌　宮田登
漂海民　羽原又吉
天保の義民　松好貞夫
太平洋海戦史　高木惣吉
太平洋戦争陸戦概史　林三郎
世界史のなかの明治維新　芝原拓自
昭和史〔新版〕　遠山茂樹・今井清一・藤原彰

管野すが　絲屋寿雄
福沢諭吉　小泉信三
吉田松陰　奈良本辰也
大岡越前守忠相　大石慎三郎
江戸時代　北島正元
織田信長　鈴木良一
豊臣秀吉　鈴木良一
京都　林屋辰三郎
日本国家の起源　井上光貞
日本の歴史 上・中・下　井上清
天皇の祭祀　村上重良
米軍と農民　阿波根昌鴻
伝説　柳田国男
岩波新書の歴史 付・総目録 1938–2006　鹿野政直

**シリーズ日本近世史**

戦国乱世から太平の世へ　藤井譲治
村 百姓たちの近世　水本邦彦
天下泰平の時代　高埜利彦

## 社会

## 岩波新書より

- 飯舘村は負けない　千葉悦子・松野光伸
- 夢よりも深い覚醒へ　大澤真幸
- 不可能性の時代　大澤真幸
- 3・11 複合被災　外岡秀俊
- 子どもの声を社会へ　桜井智恵子
- 就職とは何か　森岡孝二
- 働きすぎの時代　森岡孝二
- 日本のデザイン　原研哉
- ポジティヴ・アクション　辻村みよ子
- 脱原子力社会へ　長谷川公一
- 希望は絶望のど真ん中に　むのたけじ
- 戦争絶滅へ、人間復活へ　むのたけじ／黒岩比佐子 聞き手
- 福島 原発と人びと　広河隆一
- アスベスト 広がる被害　大島秀利
- 原発を終わらせる　石橋克彦編
- 日本の食糧が危ない　中村靖彦
- ウォーター・ビジネス　中村靖彦
- 勲章 知られざる素顔　栗原俊雄
- 生き方の不平等　白波瀬佐和子

---

- 同性愛と異性愛　風間孝・河口和也
- 居住の貧困　本間義人
- 贅沢の条件　山田登世子
- ブランドの条件　山田登世子
- 新しい労働社会　濱口桂一郎
- 世代間連帯　上野千鶴子・辻元清美
- 当事者主権　中西正司・上野千鶴子
- 道路をどうするか　五十嵐敬喜・小川明雄
- 建築紛争　五十嵐敬喜・小川明雄
- ルポ 労働と戦争　島本慈子
- 戦争で死ぬ、ということ　島本慈子
- ルポ 解雇　島本慈子
- 子どもへの性的虐待　森田ゆり
- 森の力　浜田久美子
- テレワーク 「未来型労働」の現実　佐藤彰男
- 反貧困　湯浅誠
- ベースボールの夢　内田隆三
- グアムと日本人 戦争を埋立てた楽園　山口誠

---

- 少子社会日本　山田昌弘
- 「悩み」の正体　香山リカ
- いまどきの「常識」　香山リカ
- 若者の法則　香山リカ
- 変えてゆく勇気　上川あや
- 定年後　加藤仁
- 労働ダンピング　中野麻美
- 誰のための会社にするか　ロナルド・ドーア
- 安心のファシズム　斎藤貴男
- 社会学入門　見田宗介
- 現代社会の理論　見田宗介
- 冠婚葬祭のひみつ　斎藤美奈子
- 少年事件に取り組む　藤原正範
- まちづくりと景観　田村明
- まちづくりの実践　田村明
- 桜が創った「日本」　佐藤俊樹
- 生きる意味　上田紀行
- ルポ 戦争協力拒否　吉田敏浩
- 社会起業家　斎藤槙
- 男女共同参画の時代　鹿嶋敬

## 岩波新書より

- ああダンプ街道　佐久間充
- 山が消えた 残土・産廃戦争　佐久間充
- 少年犯罪と向きあう　石井小夜子
- 自白の心理学　浜田寿美男
- 原発事故はなぜくりかえすのか　高木仁三郎
- プルトニウムの恐怖　高木仁三郎
- 能力主義と企業社会　熊沢誠
- 証言 水俣病　栗原彬編
- コンクリートが危ない　小林一輔
- 東京国税局査察部　立石勝規
- バリアフリーをつくる　光野有次
- ドキュメント 屠場　鎌田慧
- 現代社会と教育　堀尾輝久
- 原発事故を問う　七沢潔
- 災害救援　野田正彰
- ボランティア もうひとつの情報社会　金子郁容
- スパイの世界　中薗英助
- 都市開発を考える　大野輝之 レイコ・ハベ・エバンス

- ディズニーランドという聖地　能登路雅子
- 原発はなぜ危険か　田中三彦
- 世直しの倫理と論理 上・下　小田実
- 異邦人は君ヶ代丸に乗って　金賛汀
- 読書と社会科学　内田義彦
- 資本論の世界　内田義彦
- 社会認識の歩み　内田義彦
- 科学文明に未来はあるか　野坂昭如編著
- 働くことの意味　清水正徳
- 一九六〇年五月一九日　日高六郎編
- 暗い谷間の労働運動　大河内一男
- 住宅貧乏物語　早川和男
- 食品を見わける　磯部晶策
- 社会科学における人間　大塚久雄
- 社会科学の方法　大塚久雄
- 農の情景　杉浦明平
- ルポルタージュ 台風十三号始末記　杉浦明平
- 日本人とすまい　上田篤
- 自動車の社会的費用　宇沢弘文

- 「成田」とは何か　宇沢弘文
- 戦没農民兵士の手紙　岩手県農村文化懇談会編
- ものいわぬ農民　大牟羅良
- 死の灰と闘う科学者　三宅泰雄
- ユダヤ人　J-P・サルトル 安堂信也訳

## 現代世界

フォト・ドキュメンタリー 人間の尊厳　林　典子
女たちの韓流　山下英愛
㈱貧困大国アメリカ　堤　未果
ルポ 貧困大国アメリカ　堤　未果
ルポ 貧困大国アメリカⅡ　堤　未果
新・現代アフリカ入門　勝俣　誠
中国の市民社会　李　妍焱
勝てないアメリカ　大治朋子
ブラジル 跳躍の軌跡　堀坂浩太郎
非アメリカを生きる　室　謙二
ネット大国中国　遠藤　誉
中国は、いま　国分良成編
ジプシーを訪ねて　関口義人
中国エネルギー事情　郭　四志
アメリカン・デモクラシーの逆説　渡辺　靖
ユーラシア胎動　堀江則雄

オバマ演説集　三浦俊章編訳
オバマは何を変えるか　砂田一郎
タイ 中進国の模索　末廣　昭
平和構築　東　大作
ハワイ　山中速人
イスラームの日常世界　片倉もとこ
イスラエル　臼杵　陽
ネイティブ・アメリカン　鎌田　遵
アフリカ・レポート　松本仁一
ヴェトナム新時代　坪井善明
イラクは食べる　酒井啓子
エビと日本人　村井吉敬
エビと日本人Ⅱ　村井吉敬
北朝鮮は、いま　北朝鮮研究学会編 石坂浩一監訳
欧州連合 統治の論理とゆくえ　庄司克宏
バチカン　郷　富佐子
国際連合 軌跡と展望　明石　康
アメリカよ、美しく年をとれ　猿谷　要

日中関係 戦後から新時代へ　毛里和子
いま平和とは　最上敏樹
国連とアメリカ　最上敏樹
人道的介入　最上敏樹
現代ドイツ　三島憲一
「民族浄化」を裁く　多谷千香子
サウジアラビア　保坂修司
中国激流 13億のゆくえ　興梠一郎
多民族国家 中国　王　柯
ヨーロッパ市民の誕生　宮島　喬
東アジア共同体　谷口　誠
NATO　谷口長世
ヨーロッパとイスラーム　内藤正典
現代の戦争被害　小池政行
アメリカ外交とは何か　西崎文子
帝国を壊すために　アルンダティ・ロイ 本橋哲也訳
多文化世界　青木　保
異文化理解　青木　保
デモクラシーの帝国　藤原帰一

## 岩波新書/最新刊から

1604 **風土記の世界** 三浦佑之著

風土記は古代を知る、何でもありの宝箱。ヤマトタケルを天皇として描く常陸国、独自の国意識の現れる出雲国など、謎と魅力に迫る。

1581 **室町幕府と地方の社会** 榎原雅治著
シリーズ日本中世史③

足利尊氏はなぜ鎌倉幕府の打倒に動いたのか。その後の公武一体の政治や、村々の暮らしとは。応仁の乱へと至る室町時代の全体像。

1605 **新しい幸福論** 橘木俊詔著

深刻化する格差、続く低成長時代。税、社会保障などの問題点を指摘しつつ、経済学だけでなく、哲学、心理学などの視点からも提言。

1606 **憲法と政治** 青井未帆著

安保・外交政策の転換、「改憲機運」の高まりに抗し、憲法で政治を縛るために課題の原点から考えぬく。若手憲法学者による警世の書。

1607 **中国近代の思想文化史** 坂元ひろ子著

儒教世界と西洋知の接続に命運を懸けた激動期中国の知性の軌跡を、進化論や民族論、革命論争が花開いた貴重な資料群から読み解く。

1608 **ヴェネツィア** 宮下規久朗著
美の都の一千年

「アドリア海の女王」と呼ばれたヴェネツィアは、都市全体が美術の宝庫。絵画や建築を切り口に、その歴史と魅力を存分に紹介する。

1609 **自由民権運動** 松沢裕作著
〈デモクラシー〉の夢と挫折

維新後、各地で生まれた民権結社。新しい社会を自らの手で築く理想は、なぜ挫折に終わったのか。明治の民衆たちの苦闘を描く。

1611 **科学者と戦争** 池内了著

「デュアルユース」の名の下に急速に進む科学の軍事化。悲惨な戦争への反省を忘れた科学者たちの社会的責任をきびしく問う。

(2016. 7)